Patrick LeMont Schmidt

Die amerikanische und die deutsche Wirtschaftskultur im Vergleich

Patrick LeMont Schmidt

Die amerikanische und die deutsche Wirtschaftskultur im Vergleich

Ein Praxishandbuch für Manager

Aus dem Amerikanischen
von Volkmar von Pechstaedt

5., neu bearbeitete Auflage

HAINHOLZ

Die Deutsche Bibliothek – CIP-Einheitsaufnahme

Schmidt, Patrick LeMont:
Die amerikanische und die deutsche Wirtschaftskultur im Vergleich : ein Praxishandbuch für Manager / Patrick LeMont Schmidt ; aus d. Amerikan. von Volkmar von Pechstaedt. – 5., neubearb. Aufl.. – Göttingen : Hainholz, 2003.
Einheitssacht.: Understanding American and German business cultures <dt.>
ISBN 3-932622-92-8

1. Auflage: Januar 2000 ISBN 3-932622-99-5
2. Auflage: Juni 2000 ISBN 3-932622-99-5
3. Auflage: Februar 2001 ISBN 3-932622-98-7
4. Auflage: März 2002 ISBN 3-932622-95-2

http://www.hainholz.de
http://www.hainholz.com

Satz: Hainholz Verlag, Göttingen
Umschlagentwurf: Laurent Michelot, Strasbourg
Druck und Bindung: Hubert & Co, Göttingen
Gedruckt auf säurefreiem Papier – alterungsbeständig

Printed in Germany

Vorwort zur 5. Auflage

Dieses Buch ist mit Unterstützung vieler Menschen entstanden, die mich drängten, über meine interkulturellen Erfahrungen in Deutschland zu schreiben. Ich danke den folgenden Personen für ihre Beiträge, Hilfe und Geduld: Professor Nancy Adler von der McGill University, Montreal, die mich ermutigte, dieses Projekt überhaupt anzugehen. Jennifer Flechsenhar und Vinita Balasubramanian, meine zuverlässigen Senior Editors, die das Werk mit exzellenten kulturellen Einblicken in die deutsche Kultur und mit editorischen Vorschlägen bereicherten. Anthony Curtis, der intelligente Kritik mit bemerkenswertem Feingefühl anbrachte. Dan MacLeod, der die Texte freundlicherweise durchsah.

Meinem Übersetzer und Lektor, Dr. Volkmar von Pechstaedt, schulde ich für seine akribische Arbeit am Manuskript sowie für seine wertvollen Hinweise und Ergänzungen großen Dank.

Dieses Buch widme ich meiner Ehefrau Jacqueline, die mir unerschöpfliche Unterstützung und Ermutigung während der gesamten Zeit des Schreibens gab.

Auch für diese Auflage gilt, dass der Verlag und ich Anregungen und Kritik zum Inhalt des Buches und zu dessen Präsentation gerne entgegennehmen.

Obwohl die Terroranschläge am 11. September 2001 ein großer Schock für die amerikanische Nation waren und sich dadurch im Alltagsleben der Amerikaner vieles verändert hat, bin ich trotzdem davon überzeugt, dass die amerikanische Kultur sich in ihrem Wesen treu geblieben ist.

Düsseldorf, im September 2003 — Patrick LeMont Schmidt

Inhaltsverzeichnis

Einleitung
Die Notwendigkeit interkulturellen Verständnisses

Die Deutschen sind einfach zu besessen davon,
alles perfekt zu machen. Wenn das so weitergeht,
werden unsere Unternehmungen hier den Bach hinuntergehen.
Ein amerikanischer Geschäftsführer, der in Frankfurt am Main arbeitet

Die Amerikaner sind sehr locker und selbstbewusst.
Aber nach unserer Erfahrung sind sie hinter dieser Fassade
häufig oberflächlich. Sie machen vielfach nicht das, was sie ankündigen.
Ein leitender deutscher Ingenieur, der in Los Angeles arbeitet

Die beiden obigen Zitate belegen eindeutig den Stress und die Frustration, die international tätige Führungskräfte häufig empfinden, wenn sie versuchen, mit einer anderen Kultur umzugehen. Jedes Land hat seinen eigenen Weg, Dinge wahrzunehmen und umzusetzen, basierend auf unbewussten Voraussetzungen, was eine Kooperation erschwert. Zu lernen, in einem neuen Umfeld zu leben, ist in den meisten Fällen ein schmerzhafter Prozess. Es gilt, ungeschriebene Gesetze und versteckte Unterschiede zu adaptieren. Die Kommunikation scheint manchmal zusammenzubrechen, und dann passiert es, dass etwas in der menschlichen Natur uns veranlasst, negative Gefühle gegenüber jemandem zu haben, der nicht ›einer von uns‹ ist. Voreingenommene und herablassende Bemerkungen wie die oben erwähnten sind oft die Folge.

Wie kann man interkulturelle Missverständnisse überwinden? Merkwürdigerweise ist die Basis für eine erfolgreiche Anpassung an ausländische Lebensgewohnheiten nicht so sehr das Erlernen der neuen Kultur als vielmehr ein besseres Verständnis des *eigenen* Hintergrundes. Dies wird offensichtlich, wenn man zum ersten Mal in ein fremdes Land kommt. Nichts ist dann verwirrender als die Erkenntnis, wie sehr die eigenen Arbeits- und Freizeitgewohnheiten, der Essensgeschmack und sogar die Lebensansicht auf Werten beruht, die man in der Kindheit erlernt hat. Nur durch das Bewusstmachen dieses eigenen ›Kultur-Gepäcks‹ ist es möglich, seine Gedankenmuster so zu überwinden, dass man am Ende ›fremdes Verhalten‹ annehmen kann.

Der Grundsatz dieses Buches ist einfach: Das Verständnis der eigenen Kultur und der eigenen ›mentalen Software‹ ist die Grundvoraussetzung, Eigenarten und Gewohnheiten anderer Leute zu verstehen. Durch die Erklärung der Psychologie und des Verhaltens von Amerikanern* und Deutschen werden dem Leser deren nationale Eigenheiten bewusst gemacht. Freilich kann das Buch nicht alle Probleme lösen, die aus diesen entstehen, aber es versucht, die Probleme vorauszusehen, indem es den Hintergrund erklärt, in dem deutsche und amerikanische Firmen jeweils operieren.

Das Buch ist in sieben Kapitel unterteilt. Das erste Kapitel diskutiert das Konzept von Kultur und stellt einige theoretische Modelle von Soziologen vor, mit denen man unterschiedliche Verhaltensweisen charakterisieren und erklären kann. Diese Modelle lassen den Leser besser verstehen, auf welche Art und Weise sich deutsche und amerikanische Firmen unterscheiden.

Die folgenden Kapitel beschreiben die Verhaltensmuster von Amerikanern und Deutschen, zunächst aus einer psychologischen Sichtweise, dann im Hinblick auf Geschäftspraktiken, Kommunikation und die jeweiligen Rechtssysteme. Schließlich stellt das Buch die Merkmale einer interkulturell kompetenten Person vor.

Vielfach werden beide Nationen vergleichend nebeneinandergestellt: Zum Beispiel enthält eine deutsche Präsentation viele detaillierte Hintergrundinformationen und unterscheidet sich so von der in Amerika üblichen, die kurz ist und nur essentielle Informationen bietet. Das Vergleichen der Verhaltensweisen hat den Vorteil, den Glauben in nur ein

* Mit ›Amerikaner‹ sollen abkürzend die Bewohner der USA bezeichnet werden, die europäisch geprägt sind, also nicht die Ureinwohner, Mexikaner oder Kanadier.

einziges existierendes System von Werten zu erschüttern; es stellt die Überlegenheit einer Kultur über eine andere in Frage.

Obwohl jede Kultur ihre kollektiven Merkmale hat, sind ihre Mitglieder Einzelpersonen, und es gibt natürlich immer Ausnahmen von der Regel. Viele Leser mögen sagen, dass die Verallgemeinerung nationaler Eigenschaften durch den Gebrauch von Klischees und Stereotypen irreführend sein kann. Dennoch ist der Autor überzeugt, dass jede Kultur eine Einheit ist, in der alles in Beziehung zueinander steht. Eine innewohnende Logik kann durch genaue Beobachtung entdeckt werden.

Interkulturell sensibel und kompetent zu werden ähnelt sehr dem Erlernen einer fremden Sprache: Es bedarf der Übung und kontinuierlicher intellektueller Anstrengungen. Aber es bietet unerwartete und erfreuliche Belohnungen. Durch das Verständnis der manchmal geheimnisvollen Codes einer anderen Kultur und ihre Einwirkungen auf das Verhalten lernt man mehr über sich selbst. Dies ist letztlich das, was interkulturelles Lernen so attraktiv macht. Wenn dieses Buch den Leser ermutigt, kulturelle Unterschiede wahrzunehmen und die Hintergründe von (typischem) Verhalten zu analysieren, hat es sein Ziel erreicht.

Kapitel 1
Was ist Kultur?

Fallbeispiel: Ein unübliches Verhalten

Stellen Sie sich ein kleines Dorf irgendwo in der nördlichen Hemisphäre vor. Ein Mann sitzt gerade vor einem der Häuser, während seine Frau das Abendessen zubereitet. Sie geht nach draußen, um Wasser vom örtlichen Brunnen zu holen. Dort trifft sie einen charmanten jungen Mann und nimmt ihn mit nach Hause, damit er ihren Ehemann trifft. Sie plaudern für eine Weile nett miteinander und der Ehemann lädt den jungen Mann zum Abendessen ein. Nach der Mahlzeit löscht der Ehemann die Lampen aus, geht zu Bett und lässt seine Frau mit ihrem gemeinsamen Gast allein. Später lädt diese den Gast ein, mit ihr zu schlafen.

Am nächsten Morgen steht der Ehemann auf, um das Frühstück vorzubereiten, und ruft seine Frau und den Gast zum Essen. Sie frühstücken zusammen, und anschließend dankt der junge Mann dem Ehepaar für seine herzliche Gastfreundschaft und setzt seine Reise fort.

Ein unübliches Verhalten? Nicht in der Kultur der Ammassalik-Eskimo, in der Gastfreundschaft für einen Gastgeber heißt, die eigene Ehefrau für die Nacht anzubieten.

Diese Geschichte illustriert, wie Menschen aus verschiedenen Ländern ihre eigenen Wege und Gewohnheiten haben, mit alltäglichen Situationen umzugehen, was oftmals auf ungeschriebenen Regeln basiert.

Was ist Kultur? *Webster's New World Dictionary* bietet verschiedene Definitionen des Wortes ›culture‹, u. a.:

- Bearbeitung der Erde, Kultivieren;
- Produktion, Entwicklung oder Verbesserung einer bestimmten Pflanze, Tier oder Ware, Kultivierung;
- die Literatur, Kunst, Musik und Architektur eines Landes;
- Entwicklung, Verbesserung oder Verfeinerung des Verstandes, der Emotionen, Interessen, Sitten und des Geschmacks;
- die Ideen, Gebräuche, Fähigkeiten, Kunstfertigkeiten, etc. einer bestimmten Gruppe von Menschen, die von einer Generation zur anderen tradiert werden.

Die letzte Definition ist diejenige, um die es in diesem Buch geht. Kultur ist, wie der Sozialforscher G. P. FERRARO gesagt hat, »alles, was Menschen als Mitglied der Gesellschaft haben, denken und tun«.

Wie erwerben wir Kultur? Jeder von uns wird Teil einer bestimmten Kultur durch den Prozess, den man Sozialisation nennt. Wir lernen ›korrektes Verhalten‹ von unseren Familien, Freunden, Schulen, religiösen Einrichtungen und sogar aus Fernsehwerbespots. Zum Beispiel ermutigt die amerikanische Kultur Kinder dazu, sich in der Schule durchzusetzen und ihre Meinung zu äußern, indem sie sich aktiv an Diskussionen beteiligen. Schüler erhalten dafür eine Note in ›classroom participation‹ (Diskussionsteilnahme). Infolgedessen werden sie sich als Erwachsene nicht scheuen, ihre eigene Meinung zu sagen und ihre Individualität zu zeigen.

Da der Sozialisationsprozess überwiegend nicht bewusst geschieht, ist der Versuch, seine eigene Kultur zu begreifen und zu artikulieren, eine ungeheuere Herausforderung. Kultur ist so sehr ein Teil unserer selbst, dass wir in Schwierigkeiten kommen, wenn wir gebeten werden, sie zu benennen. Kulturelles Verhalten ist so sehr in den Verstand der Menschen eingepflanzt, dass sie sich selten eine andere Lebensweise als die eigene vorstellen können. Das Erlernen der Muttersprache spielt bei diesem Prozess auch eine wichtige Rolle, denn die Sprache bestimmt die Mentalität bzw. kulturelle Umwelt.

Als brauchbare Metapher für Kultur bietet sich an, dass sie wie das Wasser für einen Fisch ist. Für den Fisch ist das Wasser selbstverständlich. Nimmt man ihn jedoch aus seiner Umgebung heraus, merkt der Fisch plötzlich, dass er Wasser zum Überleben braucht.

Dasselbe trifft auf uns zu. Wir sind uns unserer eigenen Kultur nicht wirklich bewusst, bis wir auf eine andere stoßen. Das Aufeinandertreffen zweier verschiedener ›Gedankenmuster‹ führt unausweichlich zu Konflikten, Verwirrung und Meinungsverschiedenheit. Die in dem obigen Fallbeispiel erwähnte Ansicht der Eskimos von Gastfreundschaft wird nicht überall auf der Welt vertreten.

Eine andere brauchbare Metapher ist der Vergleich des Terminus ›Kultur‹ mit einem Eisberg. Nur bestimmte Aspekte sind offensichtlich – wie die Spitze des Eisberges. Wir sprechen in diesem Fall von *erkennbaren Elementen* – Anteile, die auf der Ebene des Bewusstseins deutlich sind. Sie repräsentieren die ersten Eindrücke von einer neuen Kultur, wie Sprache, Kleidung, Gebräuche, auffällige Verhaltensweisen etc. Zum Beispiel haben die Schwaben in Südwestdeutschland die lange Tradition der Kehrwoche, während der jeder den Weg zu seinem Eingang zu fegen hat, besonders an einem Sonnabend. Die Kehrwoche drückt offensichtlich das schwäbische Bedürfnis aus, alles blitzblank zu haben. Aber obwohl das Kehren deutlich sichtbar geschieht, spiegelt es nur einen oberflächlichen Eindruck der Kultur wider.

Die wichtigsten Elemente, die für die tiefere Bedeutung und das Verständnis einer Kultur sorgen, kommen jedoch von dem Teil des Eisberges, der nicht zu sehen ist. Dort sind die grundsätzlichen, unausgesprochenen Voraussetzungen zu finden, die Kernwerte, welche die Gedanken und Handlungen der Menschen steuern. Zurück zur Kehrwoche: Fegen vermittelt symbolisch ein Gefühl der Ordentlichkeit, ein zentraler Wert im deutschen Denken und Handeln.

Ein anderes Beispiel grundsätzlicher Voraussetzungen ist die Art und Weise, in der sich die amerikanische und deutsche Mentalität in bezug auf das Alter im Beruf unterscheidet. In den USA, wo Jugend und Energie sehr hoch geschätzt werden, vermeiden es die meisten Unternehmen, jemanden einzustellen, der älter als vierzig Jahre ist. Solch eine Person wird als zu alt angesehen, um noch einmal in einer neuen Position anzufangen. Deutsche schätzen Qualifikationen und Erfahrung. Ein 35-Jähriger wird als jemand betrachtet, der noch dazulernen kann. Von einer Person über fünfzig wird gesagt, dass sie in der Blüte ihrer Jahre sei. Der unausgesprochene Grundwert hierbei ist, dass Alter für Weisheit und Erfahrung sorgt.

1.1 Theoretische Konstrukte zur Charakterisierung von Kulturen

Sozialforscher haben theoretische Konstrukte entwickelt, um zu erklären, warum Menschen aus verschiedenen Ländern Dinge auf verschiedene Art und Weise tun. Diese Konstrukte basieren auf Durchschnittswerten oder Normen des Wertesystems, das eine Kultur ausmacht; sie erheben keinen Anspruch auf Exaktheit. Der Leser wird mit einer annähernden Idee ausgestattet, welche Verhaltenstendenzen in verschiedenen Kulturen zu erwarten sind. Es sollte betont werden, dass keines dieser Gedankenmodelle für absolut korrekt gehalten wird oder für besser als die anderen. Sie sollten als Werkzeuge betrachtet werden, als praktische Methode, eine Kultur zu ›lesen‹ und zu verstehen.

Wir werden die Theorien von Geert HOFSTEDE, einem holländischen Sozialforscher, und von Edward T. HALL, einem amerikanischen Anthropologen, genauer ausführen.

1.2 HOFSTEDES Aspekte von Grundwerten im Beruf

Im Jahre 1980 veröffentlichte Geert HOFSTEDE eine faszinierende Studie zu Grundwerten und Verhaltensweisen im Berufsleben, die sich auf Datenmaterial gründet, das er über Angestellte von IBM gesammelt hat. Die Gewohnheiten von über 116.000 Angestellten aus aller Welt wurden analysiert. Da die Angestellten von *einem* Unternehmen kamen, kann man die Unterschiede eindeutig den nationalen Kulturen zuschreiben.

HOFSTEDE definierte vier Aspekte von Werten, um Unterschiede im Verhalten zu erklären:

1. Individualismus / Kollektivismus
2. Machtdistanz
3. Vermeidung von Unsicherheit
4. Männlichkeit / Weiblichkeit

Indem er für jedes Land Durchschnittswerte verwendete, erzeugte er nationale Profile, welche die unterschiedlichen Arbeitsweisen erklärten.

Tabelle: Hofstedes Grundwerte (1980)

Land	Individualismus	Machtdistanz	Vermeidung von Unsicherheit	Männlichkeit
Deutschland	67	35	65	66
Frankreich	71	68	86	43
Griechenland	31	58	95	56
Großbritannien	89	35	35	66
Japan	46	54	92	95
Kanada	78	42	47	53
Österreich	55	11	70	79
Schweiz	68	34	58	70
Singapur	19	75	8	46
USA	91	40	46	62

0 = niedrig bzw. wenig
100 = hoch bzw. viel

1.2.1 Individualismus / Kollektivismus

HOFSTEDE definierte individualistische Länder als Nationen, in denen Menschen sich mehr um sich selbst und ihre Familien kümmern als um andere. Jede einzelne Person wird geschätzt, und es wird versucht, individuelle Züge und Entscheidungen zu würdigen.

Kollektivistische Kulturen legen sehr viel Wert auf das allgemeine Wohlbefinden der Gruppe. Die Menschen ordnen ihre individuellen Interessen und Bedürfnisse dem Gemeinwohl unter. Im Gegenzug entsteht Loyalität, die Menschen kümmern sich umeinander, betonen ihre Zugehörigkeit zur Gruppe und fällen Entscheidungen gemeinsam.

1.2.2 Machtdistanz

›Machtdistanz‹ (›power distance‹) wird definiert als das Ausmaß, in dem schwächere Mitglieder einer Organisation akzeptieren, dass Macht ungleich verteilt ist. Eine Gesellschaft mit einer geringen Machtdistanz lehnt soziale Klassen oder hierarchische Strukturen (›company ranking‹) ab.

In einer Kultur mit großer Machtdistanz wird unterschiedlicher Klassenstatus akzeptiert. Die Position des einzelnen in der Gesellschaft beeinflusst, wie diese Person sich verhält, und – umgekehrt – wie andere sie behandeln. In einem Land mit großer Machtdistanz wie Singapur tendieren Manager dazu, autoritär und patriarchalisch zu sein. Wenn ein Manager das Fällen von Entscheidungen einem Unterstellten übertrüge, würde das in einer solchen Kultur so interpretiert, dass der Manager unfähig ist, die Entscheidungen selbst zu fällen.

Es ist interessant, dass Amerikaner größere Machtunterschiede (40) zulassen als Deutsche (35) oder Schweizer (34), aber Amerikaner weitaus individualistischer sind als Deutsche (91 zu 67).

1.2.3 Wunsch nach Vermeidung von Unsicherheit

Dieser Wert zeigt das erwünschte Ausmaß von Struktur (Regeln) in einer Gesellschaft an. In einem Land mit einem hohen Wert ist möglichst viel geregelt, was auch heißt, dass es mehr strikte Verhaltensregeln gibt, geschriebene und ungeschriebene. Entsprechend sind die Gesetze härter und die Strafen heftiger. Beamte und Experten werden bewundert, selten in Frage gestellt. Es wird viel Wert darauf gelegt, dass Aufgaben korrekt ausgeführt werden. Niemand startet ein neues Projekt, ohne zuvor gründlich Recherchen betrieben zu haben.

Dagegen tendieren Kulturen, die mehr Unsicherheit akzeptieren, dazu, mit ungeordneten Situationen gelassener umzugehen. Organisationen sind flexibler und die Menschen lockerer und kreativ.

Vergleicht man Amerikaner und Deutsche, zeigen erstere etwas weniger Bedürfnis, Unsicherheit zu vermeiden (46 zu 65). Das heißt, sie haben ein stärkeres Gefühl eigener Kompetenz und eine größere Risikobereitschaft.

1.2.4 Männlichkeit / Weiblichkeit

HOFSTEDE definiert eine männliche Gesellschaft als bestimmt von ›harten‹ Werten, wie Geld, Erfolg, Selbstbehauptung und Wettbewerb. Männer und Frauen haben feste, unterschiedliche Rollen. Japan erreicht einen extrem hohen männlichen Wert, weil seine Kultur Belohnung ebenso schätzt wie Anerkennung, Vorwärtskommen und Herausforderung.

Eine weibliche Kultur betont ›weichere‹ Werte wie Beziehungen, Sorge füreinander, Lebensqualität und Dienstleistung. Die Rollen von Männern und Frauen sind weniger streng getrennt und oft gleich. Beispiele für Nationen mit hohen weiblichen Werten sind Norwegen und Schweden. Dort werden Kooperation, eine freundliche Atmosphäre, Stellengarantie und Gruppenentscheidungen geschätzt. Die USA und Deutschland sind beide stark von männlichen Werten geprägt (66 zu 62).

1.3 HALLS Kulturen-Modell

Der amerikanische Anthropologe Edward HALL gelangte auf andere Weise zu einem Verständnis von Kulturen: über den Begriff der Kommunikation. Er definiert Kultur als »ein System, das dazu da ist, um Informationen zu kreieren, zu senden, zu speichern und zu bearbeiten. Der gemeinsame Faden, der alle Kulturen durchzieht, ist Kommunikation.« Wie Menschen kommunizieren, hängt vom Kontext ab, das ist »die Information, die ein Ereignis umgibt; sie ist untrennbar mit der Bedeutung dieses Ereignisses verbunden«.

1.3.1 Kulturen mit kontextungebundener und solche mit kontextabhängiger Kommunikation

HALL arbeitete grundlegende Konzepte für die unterschiedlichen Wege aus, wie wir die Welt erfahren. Er klassifizierte Kulturen auf einer Skala von ›low-‹ zu ›high-context‹. In einer ›high-context culture‹ (kontextabhängig) ist Kommunikation implizit: kodiert, kreisförmig, indirekt. Die Nachricht wird nicht nur durch Worte vermittelt, sondern auch durch Körpersprache, die Umstände, die Beziehung zwischen den involvierten Menschen. Zum Beispiel würden die Japaner ein ausländisches Angebot niemals mit einem klaren »Nein« zurückweisen, da man in der japanischen Kultur das Gesicht wahrt. Dem amerikanischen »No« entspricht es in dieser Situation, wenn die Japaner sagen »Wir sollten es ein wenig überdenken«.

HALL bezeichnet Araber, Japaner und mediterrane Völker als ›high-context cultures‹, die enge persönliche Beziehungen und ein ausgeprägtes Kommunikations-Netzwerk in ihren Bevölkerungen besitzen. Menschen sprechen gleichzeitig mit mehreren und werden ständig durch andere unterbrochen, kommen und gehen, geben und nehmen Informationen. Auf dem Arbeitsplatz einer Hochkultur wie Frankreich oder Japan fließen Informationen frei von allen Seiten. Der Manager lässt die Tür zu seinem Büro gewöhnlich offen. Als Folge davon ist jeder in gewissem Maß über alle Aspekte des Geschäftes informiert. Jemandem, der ›high context‹ kommuniziert, sind die impliziten Informationen bewusst. Die Priorität liegt darin, Konfrontationen zu vermeiden, indem man beziehungs- und gefühlsbetont ist. Dieses Verhalten ist weiblicher Natur.

Menschen in Kulturen mit kontextungebundener Kommunikation (›low-context cultures‹) – wie Amerikaner, Deutsche, Schweizer und Skandinavier – legen nicht so viel Wert auf den Kontext einer Unterhaltung als auf den akustischen Inhalt. Kommunikation ist explizit: direkt, eindeutig, linear und verbal. Worte brauchen nicht das Verständnis der Kultur, um übersetzt zu werden, sondern sind eindeutig. »Nein« meint nein und »Ja« meint ja. Die Priorität liegt auf der Klarheit, indem man ergebnisorientiert und denkbetont ist. Dieses Verhalten ist männlicher Natur.

Eine ›low-context culture‹ trennt persönliche Beziehungen, Arbeit und viele Aspekte des täglichen Lebens voneinander. Das Büro einer amerikanischen oder deutschen Führungskraft ist ein geschlossener Raum, der Ablenkung fernhält. In diesem Büro ausgetauschte Informationen werden nur mit wenigen geteilt. Das Ergebnis ist ein Mangel an ausgeprägten Informations-Netzwerken zwischen den einzelnen Abteilungen. Eine solche Trennung bedeutet, dass Menschen genauere und explizitere Informationen erhalten müssen, bevor sie eine Entscheidung fällen können.

1.3.2 Gesellschaften mit fester und solche mit flexibler Zeitplanung

Ein anderer wichtiger Aspekt von Kultur ist nach HALL die Zeit. Er ist der Auffassung, dass es zwei Arten gibt, mit Zeit umzugehen, die wichtig für die internationale Wirtschaft sind: zeitverplanend (›monochronic‹) und zeitflexibel (›polychronic‹).

In einer Gesellschaft mit fester Zeitplanung (›monochronic society‹) konzentrieren sich Menschen zu einer bestimmten Zeit auf eine Aktivität. Zeit ist linear und kann in Segmente unterteilt werden. Zeitplanung hat eine extrem wichtige Bedeutung und wird manchmal als beinahe heilig angesehen. Über Zeit spricht man, als ob sie ein echtes, greifbares Objekt wäre. »Zeit ist Geld«. Das deutet an, dass sie ›vergeben‹, ›gespart‹, ›verschwendet‹ oder ›verloren‹ werden könnte. Die USA und Deutschland sind Beispiele für solche Gesellschaften. Ein amerikanischer Geschäftsmann könnte z. B. sagen: »Wenn ich einen Berlitz-Crash-Kurs in Deutsch belege, werde ich Deutsch nach vierzig Stunden im Wert von 2.500 Dollar gelernt haben«. So absurd das klingen mag, es ist die Art und Weise, wie er die Realität wahrnimmt.

Dieser Umgang mit Zeit ist so verankert im deutschen und amerikanischen Denken, dass viele Menschen dieser Kulturen glauben, er sei naturgegeben. In Wirklichkeit ist es ein konditioniertes Verhalten, das aus der industriellen Revolution in England entstanden ist. Die Fabrikarbeit erforderte, dass die Arbeitskräfte zu einer bestimmten Zeit an Ort und Stelle zu sein hatten.

Während ein fest geplanter Lebensstil Effizienz zu fördern scheint, stört er unseren biologischen Rhythmus. Ein weitaus natürlicherer Weg zu leben ist ein flexibles System (›polychronic‹), das eher durch ein gleichzeitiges Vorkommen vieler Aktivitäten und eine größere Betonung von Menschen und Beziehungen charakterisiert wird als durch starre Zeiteinteilung: ›polychronic‹. Zum Beispiel ist es wahrscheinlicher, dass zwei italienische Geschäftsleute ihre lebhafte Konversation fortführen, als dass sie sie wegen anstehender Verabredungen unterbrechen. Die Betonung liegt eher auf der aktuellen Aktivität als auf vorher gemachten Plänen. Länder wie Frankreich, Spanien und Italien sind typische Kulturen mit flexibler Zeitplanung (›polychronic societies‹).

1.4 Zusammenfassung

Die Modelle von HOFSTEDE und HALL erlauben es, das typische Verhalten von Völkern zu charakterisieren. Dadurch wird ein Vergleich zwischen verschiedenen Kulturen ermöglicht. In den folgenden Kapiteln soll anhand dieser Modelle die amerikanische und die deutsche Kultur gegenübergestellt werden.

Kapitel 2
Die Psychologie der Deutschen und der Amerikaner

»Es ist der Charakter der Deutschen, dass sie über allem schwer werden, und dass alles über ihnen schwer wird.«
Johann Wolfgang von Goethe

»Der amerikanische Traum ist oft ein sehr privater Traum: ein einzigartig erfolgreicher und bewunderter Star zu sein, der sich aus der Masse des einfachen Volkes hervorhebt.«
Aus der Sammlung *Habits of the Heart* (1986)

Wenn wir eine Kultur beschreiben, sprechen wir auch von der *Psychologie eines Volkes*, d. h. seinen mentalen und emotionalen Prozessen. Das führt zu einer interessanten Frage: Warum haben Gruppen überhaupt unterschiedliche Werte und Normen gewählt, was letztlich zu den verschiedenen Kulturen geführt hat? Die Antwort kann gefunden werden, indem man in den tiefsten Teil menschlicher Existenz geht: grundsätzliche Bedürfnisse.

Das stärkste grundsätzliche Bedürfnis jeder Gruppe ist zu überleben, was heißt, jeden Tag gegen die Natur zu kämpfen. Die Holländer gegen die steigende See, die Schweizer gegen die Lawinen, die Eskimos gegen klirrende Kälte. Heutzutage kommt der Kampf um eine anständige Ausbildung und angemessene Anstellung hinzu. Jede Gruppe versucht – nach ihren Möglichkeiten – ihr Bestes, mit der Umwelt umzugehen.

Über die Jahrhunderte hinweg haben permanente Probleme zu Lösungen geführt, die sich heute in unbewussten, automatischen Handlungen manifestieren. Da ein Großteil unseres Verhaltens unbewusst ist, kann das Zusammentreffen zweier Kulturen zu großen Verwirrungen führen. Um sich der feinen Unterschiede in einer neuen Kultur bewusst zu werden, muss man ihre historischen Ursprünge studieren.

Dieses Kapitel versucht, historische Faktoren und die psychologischen Eigenschaften von Deutschen und Amerikanern zu beschreiben, die diese beiden Nationen zu dem gemacht haben, was sie nun sind. Dabei wird die vergleichende Methode benutzt, so dass der Leser sofort erfassen kann, wo die Unterschiede liegen.

Noch eine Anmerkung: Jede Kultur hat gleichermaßen positive und negative Eigenschaften. Einige der nationalen Charakterzüge der Amerikaner und Deutschen, die in diesem Buch angesprochen werden, mögen extrem erscheinen, was starke Emotionen hervorrufen könnte. Der Verfasser möchte betonen, dass er beide Kulturen nicht kritisieren will. Vielmehr sollen uns die Gegenüberstellungen erlauben, uns selbst aus einer interkulturellen Perspektive wahrzunehmen, die zu einer bemerkenswerten Betrachtung der eigenen Realität verhilft. Bereit zu sein, die eigene Kultur mit allen Ecken und Kanten zu akzeptieren, kann schwierig sein. Uns selbst besser zu erkennen, bedeutet zu wachsen.

2.1 Die historischen Ursprünge des deutschen Charakters

Vieles von dem, was wir heute »typisch deutsch« nennen, d. h. Perfektion und das Bedürfnis nach Ordnung, kann zu einem großen Teil einer relativ schrecklichen Vergangenheit zugeschrieben werden. Wie viele Psychiater oder Psychologen bestätigen werden, wird ein Kind, das ein Trauma erlitten hat, oft als Erwachsener einen Weg des Perfektionismus einschlagen, um zu verhindern, sich angreifbar oder nutzlos zu fühlen. Dasselbe kann auf die deutsche Nation übertragen werden.

Der amerikanische Historiker Gordon A. Craig betont in seinem Buch *Über die Deutschen*, dass Deutschland seit dem Dreißigjährigen Krieg (1618–1648) mehr als andere europäische Länder unter Kriegsgreueln gelitten habe. Dieser religiöse Konflikt war ein gigantisches Duell zwischen Österreich und Spanien auf der einen Seite und Frankreich, Schweden, Holland und Dänemark auf der anderen Seite. Die Mehrzahl der

Schlachtorte lag in Deutschland, wo der Machtkampf ausgefochten wurde. Deutschland hatte schon zu dieser Zeit das Pech, in Europa, ›das Land der Mitte‹ zu sein. Die Folgen waren verheerend. Mit dem Jahr 1641 hatte sich die Bevölkerungszahl z. B. in Württemberg von 400.000 auf 48.000 verringert und die Pfalz hatte 80 % ihrer Bewohner verloren. Trotz der Tatsache, dass Nord- und Ostdeutschland – etwa Holstein, Oldenburg, Hamburg, Preußen und Sachsen – vom Krieg relativ unberührt blieben, verlor das Land als ganzes etwa 35 % seiner Bevölkerung, die von 21 Millionen auf etwa 13 ½ Millionen sank. Dazu kam eine immense Zerstörung von Sachgütern. Allein schwedische Truppen zerstörten in den letzten Jahren des Krieges 18.000 Dörfer, 1.500 Städte und 200 Schlösser. Der psychische und soziale Verlust, den die Deutschen erlitten, hatte starken Einfluss auf die folgenden Generationen.

Und ihr Leiden hörte am Ende des Dreißigjährigen Krieges nicht auf. Andere tragische Konflikte sollten folgen: die Napoleonischen Kriege, der deutsch-österreichische Krieg, dann zwei Weltkriege, gipfelnd im Holocaust, der Scham und Schande über das deutsche Volk brachte.

Es gab nicht nur Massenvernichtung und Tod, sondern auch massive finanzielle Verluste. In den zwanziger Jahren löschte die galoppierende Inflation die Mittelklasse aus. Die Währungsreform von 1948 bedeutete, dass die Reichsmark innerhalb eines Tages 90 % ihres Wertes verlor.

Es ist daher plausibel anzunehmen, dass die Angst der Deutschen vor Unsicherheit und ihr Bedürfnis nach Ordnung von den erlebten Kriegen und deren Folgen herrührt.

2.2 Historischer Hintergrund des amerikanischen Charakters

Studiert man den sozialen und historischen Hintergrund Amerikas, so sieht man, dass das, was dieses Land gegenüber allen vorherigen Gesellschaften auszeichnet, die grundlegende Idee gewesen ist, dass die USA das

›Land der freien Menschen‹ (›land of the free‹) sind – jeder ist frei, das zu tun, was er möchte.

Diese Idee hat Millionen von Einwanderern aus allen Teilen der Welt angezogen, wodurch sich ihre Kultur unter vielfältigen europäischen, afrikanischen, lateinamerikanischen, asiatischen und arabischen Einflüssen entwickelte. Dennoch leitet das Land seine Wurzeln aus der angelsächsischen Kultur her. Denn die USA wurden von westeuropäischen Siedlern gegründet, von denen die meisten aus Großbritannien stammten, die religiöser Verfolgung entflohen. Sie brachten Ablehnung gegen die Traditionen und Skepsis gegenüber der Alten Welt mit und Enthusiasmus für neue Ideen.

Besonders prägend wurde der Gedanke Jean-Jacques ROUSSEAUS, dass die Gesellschaft hocheffizient und dynamisch werde, wenn der Mensch an das Gute in den anderen glaube. Das Vertrauen in andere würde den schweren, zeitraubenden Prozess des Zweifelns und Urteilens eliminieren. Das war genau, was Amerika zu seiner Entwicklung brauchte. Beim Aufbau einer Nation müssen Entscheidungen schnell gefällt werden – »ja« oder »nein«, denn »Zeit ist Geld«.

Diese vereinfachte Sichtweise des Lebens – die in keiner Weise die Komplexität und Nuancen berücksichtigt, die unsere Existenz fortwährend bietet – führte zu dem amerikanischen Charakterzug, sehr entschieden zu sein, und zur Absage an traditionelle Verhaltensstandards. Teils kann man dies als Bruch mit der Vergangenheit, teils als vertrauens- und hoffnungsvolles Vorwärtsschreiten ins Unbekannte deuten.

Vielleicht ist das, was die Amerikaner so nonchalant und ›happy-go-lucky‹ (unbeschwert) erscheinen lässt, dass das Land nicht die massiven Verluste erlitten hat, die Europa im Laufe seiner Geschichte dermaßen gezeichnet haben. Die amerikanischen Staaten erlitten nur eine einzige Tragödie – den amerikanischen Bürgerkrieg von 1861 bis 1865. In diesem Konflikt wurden 600.000 Soldaten getötet. Bei einer Gesamtbevölkerung von 30 Millionen zu dieser Zeit war dies eine relativ hohe Quote:

2 % der Nation. Die amerikanischen Opfer des Zweiten Weltkrieges waren nichts im Vergleich zu diesem Alptraum. Ihre Zahl betrug 300.000; bei einer Bevölkerung von 150 Millionen waren das nur 0,2 %.

Es gibt mehrere Gründe, warum die USA zum mächtigsten Land der Welt wurden: Das Land besitzt reiche natürliche Ressourcen, die Bewohner zeichnen sich durch Scharfsinn und Schaffenskraft beim Meistern neuer Herausforderungen aus, sie besitzen ein naives Vertrauen in Humanität, gepaart mit einem starken Glauben in den ›pursuit of happiness‹ (›Streben nach Glück‹) und es fehlt eine wirkliche historische Tragödie. Man sagte, jeder könne sich dort von ›rags to riches‹ (›Lumpen zu Reichtum‹) entwickeln, und tatsächlich kletterten Millionen von armen Einwanderern die soziale Leiter hinauf. Alle diese Elemente waren die Saat, die den Mythos vom ›Happy Ending‹ gebar.

Das zeigt sich in vielen amerikanischen Kinofilmen, die die vereinfachte Formel vermitteln, »die guten Jungs gewinnen und die schlechten Jungs verlieren«. Als Ergebnis ihres traditionellen Glaubens in das Gute in allen Dingen scheuen sich Amerikaner oft, wenn ein kompliziertes menschliches Problem auftritt, es als solches zu sehen. Folglich besteht der derzeitige Charakter der Amerikaner in einer zu sehr vereinfachten Haltung zum Leben – zu oberflächlich, um wahrhaftig oder ernst zu sein. Amerikaner im Allgemeinen strahlen nicht die gesunde menschliche Skepsis und die tiefen Gedanken aus, die einen gereiften Menschen ausmachen. Es ist kein Wunder, dass so viele Menschen die Amerikaner als naiv und oberflächlich empfinden.

2.3 Psychologische Charakteristika von Deutschen und Amerikanern

2.3.1 Deutsche wirken ernst, Amerikaner sind ›Sonnyboys‹

Im Kern der deutschen Kultur liegt der Wunsch nach Sicherheit, so treffend ausgedrückt durch die Redewendung »Ordnung muss sein«. Die Deutschen fühlen sich sehr schnell unsicher. Um diesem unbewussten

Gefühl entgegenzuwirken, streben Deutsche danach, ernsthaft und extrem gut organisiert zu sein.

Dieses Verhalten manifestiert sich überall. Fremde, die zum ersten Mal nach Deutschland kommen, sind überrascht von dem deutschen Bedürfnis, alles perfekt und korrekt zu machen. Beinahe nichts ist improvisiert, z. B. die deutschen Nachrichten im Radio: Der Sprecher liest sie in einer auffälligen Monotonie vor und scheint keinerlei Emotionen zu haben. Egal was in der Welt passieren mag, hier herrscht Ordnung.

Am deutlichsten zeigt sich der Wunsch, nur ja jede Art von Ungeregeltheit zu vermieden, in der exzessiven Anzahl von Regeln, Ge- und Verboten in Deutschland. Die ›Ruhezeiten‹-Regelungen z. B. legen fest, dass wochentags zwischen 13.00 und 15.00 Uhr und am Sonntag den gesamten Tag über keinerlei Lärm irgendwelcher Art erlaubt ist.* Der Verfasser, der zeitweise in Stuttgart lebt, wagte es einmal, an einem späten Sonntagmorgen den Rasen zu mähen. Innerhalb von zehn Minuten erschien die Polizei, um ihn zu belehren, dass er zwei Gesetze gebrochen habe: das eine verbietet am Sonntag »öffentlich bemerkbare Handlungen, die die äußere Ruhe stören«, das andere Lärm.

Dieser extreme Sinn für Ordnung hat auch seine guten Seiten, so sind die Deutschen rational, diszipliniert und fleißig. Laut der amerikanischen Zeitschrift *Time* sind sie brillante Organisatoren und Planer, die Komplexität mögen und gut darin sind, Dinge, auch Menschen, in ein großes System zu integrieren. Alle diese Eigenschaften zusammen haben dazu beigetragen, Deutschland zu einer bewunderten und reichen Nation zu machen.

Deutsche verlieren nicht viel Zeit mit Albernheit oder Scherzen. Der französische Schriftsteller STENDHAL fasste dies zusammen, als er im Jahre 1820 schrieb: »Es scheint, dass in Paris mehr Witze an einem

* Nach den Polizeigesetzen der Länder und nach auf deren Grundlage erlassenen Rechtsverordnungen der Kommunen. Beschränkungen erlegen aber auch die Sonn- und Feiertagsgesetze der Länder, die Sperrzeitverordnungen und § 117 des Gesetzes über Ordnungswidrigkeiten auf.

Abend gemacht werden als in ganz Deutschland in einem Monat.« Deutsche haben zwar Sinn für Humor, aber sie ziehen es vor, ihn nur in ihrem Privatleben zu offenbaren. Sie trennen Geschäft und Humor, bis sie sicher sind, dass ihr Gegenüber sie ernst nimmt. Wozu sie sich nicht herablassen, ist Selbstironie, Humor über ihre eigenen Schwächen.

Ihre Ernsthaftigkeit erklärt, warum Deutschland nicht als ›smiling nation‹ bekannt ist – Leben und Arbeit sind ein strenges Geschäft. Diese Nüchternheit wird in international anerkannten deutschen Filmen wie *Die weiße Rose, Die Blechtrommel, Das Boot* und *Stalingrad* deutlich. Das bedeutet nicht, dass die Deutschen unfreundlich sind, sie sind nur reservierter und behalten ihre Gefühle mehr für sich. Ein überraschendes Gegenbeispiel liefert der Film *Good bye, Lenin!*, welcher zeigt, dass die Deutschen ihre Vergangenheit durchaus humorvoll sehen und darstellen können.

Eine andere wichtige Eigenschaft ist ihr Wunsch, fair und vor allem zu jeder Zeit und um jedem Preis anständig zu sein. In der Regel betrügen oder foulen Deutsche in keiner Form von Wettkampf, sei es im Geschäft, Sport oder persönlichen Beziehungen. Das soll nicht heißen, dass sie niemals foulen. Sie werden in aller Regel nur dann foulen, nachdem sie wiederholt selbst gefoult worden sind.

Deutsche sind in ihrem Streben nach Perfektion sehr beharrlich; sie haben ein starkes ›Durchsetzungsvermögen‹, was manchmal von Fremden als Arroganz ausgelegt wird. Wenn Deutsche sich einmal für eine bestimmte Handlungsweise entschieden haben, bringen sie sich 100%ig ein und werden nicht aufhören, bis sie ihr Ziel erreicht haben. Das hat zu einem phänomenalen Erfolg im Geschäftsleben geführt. Obwohl Deutschland nicht über nennenswerte Rohstoffvorkommen verfügt, exportiert es Güter im Wert von annähernd 7.000 US-Dollar pro Kopf, die Vereinigten Staaten exportieren nur im Wert von 2.700 US-Dollar (Stand: 2000).

Eng verwandt mit dem Bedürfnis nach Ordnung ist ihre Vorstellung davon, was richtig und was falsch ist. Deutsche – besonders die ältere

Generation – werden nicht zögern, Menschen zu belehren, wenn sie der Meinung sind, dass Regeln oder soziale Sitten gestört werden. Nichtachtung der Ordnung der Dinge bereitet ihnen Unbehagen und macht sie wütend. Oftmals führt dieses Streben nach Perfektion dazu, dass sie sich gegenüber Nichtdeutschen als ›Besserwisser‹ aufführen, weshalb diese sie manchmal als arrogant einschätzen.

Obwohl die Deutschen hochdiszipliniert erscheinen, besitzen sie eine kindliche Romantik. Die Sprache spiegelt das in der oft benutzten Redewendung »Ich habe mich gefreut wie ein Kind« wider. In ihrer Sehnsucht nach einer idealen Welt entfliehen sie in das »Reich der Träume«, wie es der Dichter Heinrich HEINE nannte. Diese Romantik erklärt teilweise, warum Deutsche so unersättliche Touristen sind. Als Perfektionisten und Idealisten suchen sie nach dem idealen Land. Von einem psychologischen Standpunkt aus betrachtet sind Schwärmerei und Reiselust (– im Englischen heißt es selbst heute noch ›wanderlust‹ –) Reaktionen auf die Forderungen der Gesellschaft, dass Deutsche immer ernsthaft und ordentlich zu sein haben.

Die Amerikaner repräsentieren genau das Gegenteil. Trotz der Tatsache, dass sie dieselben kulturellen Werte wie Deutsche haben (sie sind zeitverplanend [monochronic] und pflegen eine kontextungebundene Kommunikation [low context culture]), wirken erstere als Sonnyboys. Sie strahlen Offenheit, Freundlichkeit, Optimismus, Vitalität und Spontaneität aus. Die Kombination dieser Charakterzüge macht es leicht, einen Amerikaner überall auf der Welt zu erkennen.

Amerikaner werden mit der Idee erzogen, dass jeder das Recht hat, seine Individualität auszuleben. Es herrscht ›individuelle Freiheit‹. Ihnen wird beigebracht, ihren Platz in der sozialen Ordnung nicht einfach hinzunehmen und sich immer wieder zu behaupten. Das ist es, was zu ihrem starken Selbstvertrauen beiträgt. Amerikaner betrachten sich in erster Linie als Individuen und erst an zweiter Stelle als Mitglied einer

Familie, einer Organisation oder einer Religion. Das verwirrt Menschen aus Kulturen, in denen man sich hauptsächlich als Teil einer Familie sieht.

Alan ROLAND analysierte in seinem Buch *In Search of Self in India and Japan* die Psyche von Amerikanern, Indern und Japanern. Er fand heraus, dass die beiden asiatischen Kulturen kein Empfinden der »inneren Separation« von anderen haben, das so typisch für Amerikaner ist. Der Autor schloss daraus, dass Amerikaner einen »militanten Individualismus, kombiniert mit einer enormen sozialen Mobilität« haben, die kaum das Gefühl von Gruppenidentität erlauben.

Obwohl Individualismus eine wichtige Rolle in ihrer Psyche spielt, gibt es paradoxerweise einen starken Druck in der amerikanischen Kultur, konform zu sein und gemocht zu werden. Im Jahre 1835 untersuchte der französische Aristokrat Alexis de TOCQUEVILLE dieses Bedürfnis nach Konformität in seinem Klassiker *Demokratie in Amerika*. Er schrieb, dass, während Amerikaner die Ideale von Freiheit und Individualismus ehrten, ihr höchstes Ideal die demokratische Grundregel einer Mehrheitsregierung sei, die er als »Tyrannei der Mehrheit« ansah. Ein Außenseiter mit einem Standpunkt, der sich von dem der Mehrheit unterscheidet, hätte Schwierigkeiten, akzeptiert zu werden. »Ich kenne kein Land«, schrieb TOCQUEVILLE, »wo es so wenig Unabhängigkeit des Geistes und so wenig Freiheit der Diskussion gibt«.

Das hat weitreichende Konsequenzen auf die amerikanische Psyche. Nach dem Kulturanalytiker David RIESMAN, Autor der klassischen Studie *The Lonely Crowd*, sind die Amerikaner von außen gelenkte Menschen geworden, geleitet nicht von ihren eigenen inneren Werten, sondern von der Meinung anderer. Das ist nicht der Fall für Menschen in ›Statusgesellschaften‹ wie z. B. Deutschland, die sich in ihrer Klasse, an ihrem Platz, sicher wissen. Erstaunlicherweise akzeptieren diese exzentrisches Verhalten und unabhängiges Denken weitaus mehr als es Amerikaner tun.

Andererseits herrscht in den Vereinigten Staaten eine starke Konkurrenzmentalität, weshalb der Durchschnittsbürger der Ansicht ist, dass man sich nur auf sich selbst verlassen kann. Das geringe Maß an Gemeinschaftsdenken hat den Amerikaner zum ›homo oeconomicus‹ werden lassen. Das ist eine Person, die beinahe ausschließlich von Profitdenken gelenkt wird und oft ohne Gefühl für familiäre oder gemeinschaftliche Verpflichtungen ist, aber damit auch mobil sein kann.

All das hat zu der Grundvorstellung geführt, dass wirtschaftlicher Erfolg oder Misserfolg in der Verantwortung des einzelnen liegt. Das hilft, die Ideologie des freien Marktes aufrechtzuerhalten, die in den USA so populär ist. Anhänger der freien Marktwirtschaft nennen das System ›deterministisch‹ und meinen, es gebe keine institutionellen Entscheidungen – nur der Markt entscheide. Folglich glauben die meisten Amerikaner, dass das Schicksal eines jeden von Gewinnüberschüssen, der globalen Wirtschaft und der Börse kontrolliert wird. Einmischungen des Staates werden missbilligt und stirnrunzelnd aufgenommen.

Amerikaner glauben, dass Menschen ›self-starter‹ sein müssen, aktiv und resistent gegen ›Herdenmentalität‹. Man sollte seine Dinge aus eigenem Antrieb regeln, ohne äußeren oder sozialen Druck. Bill GATES, Gründer von Microsoft, nunmehr reichster Mann Amerikas, ist zum Symbol für dieses Image geworden.

Die Ansicht dieser Kultur, dass jeder für seine Sachen selbst verantwortlich ist, führt dazu, sich durch Anstrengungen und Errungenschaften auszeichnen zu wollen und diese auch anerkannt zu bekommen. Der höchste Anreiz ist Selbsterfüllung, und nur wer unabhängig ist, kann sein wahres Selbst verwirklichen. Der beste Beleg, wie ernst es Amerikaner nehmen, Dinge allein zu tun, ist der übermäßige Gebrauch von Wörtern wie ›Selbstvertrauen‹, ›Selbstkontrolle‹ und ›Selbstverbesserung‹.

Amerikaner sind direkt, systematisch, aktionsorientiert und zielgeleitet; Zeit wird effektiv genutzt und gespart, nicht verschwendet. Amerikaner wollen nicht warten; sie wollen unmittelbare Ergebnisse. Es ist kein Zufall, dass Fastfood-Restaurants wie McDonald's zuerst in solch einer Gesellschaft entstanden sind, die große Betonung auf zeitliche Effizienz legt.

Eine Redewendung, die man häufig in den USA hört, ist »There is no such thing as a free lunch« (in etwa: »Im Leben bekommt man nichts geschenkt.«). Jemand, der in eine reiche Familie hineingeboren wurde und Erfolg mit minimalem Aufwand erlangt, wird als jemand angesehen, der einen unfairen Vorteil hatte. Große Errungenschaften mit nur geringem Aufwand zu erreichen, erscheint einem Amerikaner nicht richtig und unsinnig. Harte Arbeit ist der Schlüssel für alles.

Der archetypische Amerikaner beginnt als ein ›underdog‹ und arbeitet sich zum Champion hoch. Das ist ein häufiges Thema in amerikanischen Büchern oder Filmen. Zum Beispiel der Walt-Disney-Film *Champions*: Es ist die Geschichte von einem Kinder-Hockeyteam, den ›Mighty Ducks‹, die am Anfang des Films als hoffnungslos dargestellt werden, aber am Ende – durch harte Arbeit – das Siegerteam werden. Happy End also.

2.3.2 Deutsche bevorzugen geschlossene, Amerikaner offene Räume

Auch die Art und Weise, wie eine Kultur mit Raum umgeht, gibt uns Anhaltspunkte zum Verständnis der Psychologie ihrer Menschen. Es dürfte schwieriger sein, einen größeren Kontrast zwischen Deutschen und Amerikanern zu finden als in ihrer Einstellung zum Raum.

Psychisch fühlen sich Deutsche in ihrem Land beengt. Von geografischer und demografischer Perspektive aus betrachtet sind sie es auch. Deutschland umfasst 355.744 km^2, es ist also nur wenig größer als der US-Bundesstaat New Mexico. Seine Bevölkerung beträgt ca. 82 Millionen, das sind 228 Einwohner pro Quadratkilometer. Zum Vergleich: in den Vereinigten Staaten sind es 29 Einwohner pro Quadratkilometer.

Da Platz knapp ist, haben die Deutschen eine starke Anhänglichkeit zu ihrem Grundstück entwickelt und sind sehr territorial. Eine hohe Bevölkerungsdichte bedeutet, dass die Menschen das Zusammenleben stärker regeln müssen, sowohl durch geschriebene als auch durch ungeschriebene Gesetze, z. B. Verkehrsregeln. Nehmen wir nur folgendes Beispiel: Man stellt sein Auto ab und touchiert ein anderes Fahrzeug. Auch wenn es zu keinerlei Schaden kommt, der Fahrer aber davonfährt, wird dies in Deutschland strafrechtlich als ›Unerlaubtes Entfernen vom Unfallort‹ (im Volksmund auch ›Fahrerflucht‹ genannt – ein keineswegs unumstrittener Straftatbestand) verfolgt. Sofern das Wegfahren beobachtet wird, ist in der Regel mit einer Strafanzeige und letztlich Geldstrafe zu rechnen. Für Amerikaner ist dies schockierend, da das Davonfahren in einem solchen Fall – bei Nichtbeschädigung eines anderen Fahrzeuges – in den USA nicht strafbar ist.

In Deutschland stellt die geschlossene Tür die Quintessenz von Ordnung und Privatsphäre dar. Nicht weil die Deutschen alles im Geheimen machen oder allein und ungestört sein wollen. Vielmehr symbolisiert eine offene Tür Schlampigkeit und Unordnung, und sie bietet keine schützende Grenze zwischen den Menschen. Es überrascht daher nicht, dass Deutsche einen hohen Wert auf ihre Häuser legen. Es gibt unzählige Zäune, Mauern, Hecken und massive Türen; zugezogene Jalousien halten Außenstehende davon ab hineinzuschauen. Sonnenbaden oder Gespräche mit Freunden sind immer auf den Hintergarten oder Balkon beschränkt.

Während des Zweiten Weltkrieges demonstrierten deutsche Kriegsgefangene diese Auffassung von ›Privatsphäre‹. Amerikanische Militärbehörden hatten sie immer grüppchenweise in schmalen Hütten untergebracht. Zum Erstaunen der Amerikaner bauten die Gefangenen Trennwände, sobald sie Zugang zu den dafür benötigten Materialien hatten. Vom amerikanischen Standpunkt aus hätte das knappe Material zusammengetragen werden sollen, um einen größeren, effizienteren Raum für die Gruppe zu errichten.

Da für Deutsche das Heim eine Zuflucht vor der Außenwelt ist, ist es für sie eine Ehre, zu jemandem nach Hause eingeladen zu werden. Sie trennen ihr ›öffentliches‹ und ›privates‹ Auftreten und mögen es nicht, beides zu vermischen, weil dies ein Durcheinander der Rollen hervorriefe.

In der Öffentlichkeit mag ein Deutscher steif, überrational und sogar halsstarrig erscheinen. Im Privaten kann dieselbe Person offen, sehr freundlich und hilfsbereit sein. Wenn ein Außenstehender eingeladen wird, die Privatsphäre einer deutschen Familie kennenzulernen, ist das in der Regel ein Signal dafür, dass diese offen für eine echte Freundschaft zu ihm ist. In einer bestimmen Art und Weise ist es Teil eines Rituals – wie alles in Deutschland reguliert ist. Es gibt dort viele ungeschriebene Gesetze, die man beachten muss, zu denen z. B. auch gehört, wie man eine Freundschaft aufbauen sollte.

Amerikaner sind genau das Gegenteil, wenn es um Raum geht. Viele Beobachter haben bemerkt, dass die Expansivkraft und der unendliche Optimismus des amerikanischen Charakters eng mit der Natur des Landes zusammenhängen. Verglichen mit der Mehrheit der Nationen ist die Größe der USA überwältigend. Die Distanz zwischen Los Angeles und New York entspricht der Strecke Paris–Moskau hin und zurück!

In der Vergangenheit hatten die USA quasi unbegrenzt Land zu ihrer Verfügung. Vom 19. Jahrhundert bis Anfang des 20. Jahrhunderts waren Amerikaner inspiriert von dem Motto ›Manifest Destiny‹. Das bedeutet, dass sie sich als ›Auserwählte‹ sahen, die gerechtfertigterweise ihre nationalen Grenzen den ganzen Weg bis zum Pazifik hin ausdehnten. Jeder, der sich eingeengt fühlte, konnte westwärts ziehen. Draußen an der Grenze des bewohnten Landes konnte man beinahe alles tun, was man wollte. Dort gab es wenig Menschen und noch weniger Gesetze. Dieses Gefühl des offenen Raumes hatte eine tiefe Wirkung auf die amerikanische Lebensperspektive. Das Ergebnis war ein Gefühl der unbegrenzten Freiheit und der Ungezwungenheit.

Diese Freiheit zu tun, was man möchte, wird ironischerweise von einem strengen Kodex von Regeln begleitet, bekannt als die ›rule of law‹. Deutsche, die denken, ihr Land habe zu viele Regeln und Vorschriften, sind überrascht davon, zu entdecken, dass Amerikaner vom Gesetz besessen sind, was durch die riesige Anzahl von Rechtsanwälten bestätigt wird. Die USA ›brüsten‹ sich, annähernd viermal so viele Anwälte pro Einwohner zu haben wie Deutschland. Wenn auch nur ein kleines Missverständnis passiert, ist die erste Reaktion eines Amerikaners häufig zu fragen: »Haben Sie einen guten Anwalt?«

Die Weite des Landes bringt es mit sich, dass in den USA nicht nur die Häuser und Wohnungen größer sind, sondern auch die Autos und Straßen. Raum wird nicht optimal genutzt, jedenfalls vom europäischen Standpunkt aus. Straßenplanungen werden in Amerika mit unglaublicher Lässigkeit behandelt. Die meisten linken Straßenspuren sind dazu gedacht, um sowohl auf ihnen geradeaus weiterzufahren als auch abzubiegen oder zu wenden, was den Verkehr zum Erliegen bringen kann. In Deutschland nutzen Verkehrsplaner sogar in Städten mit mittelalterlichem Stadtkern, in dem die Straßen eng sind, allen vorhandenen Raum und schaffen Linksabbieger-Spuren, um einen besseren Verkehrsfluss zu sichern.

Gäste zu haben, stört das Privatgefühl von Amerikanern nicht. Da sie Gebräuche und Regeln grundsätzlich geringschätzen, sind Einladungen weniger wichtig einzustufen als in Deutschland. Oftmals werden sie eher als Brauch der Konversation (›small talk‹) ausgesprochen denn als aufrichtige Geste, was Deutsche einigermaßen enttäuschend finden können. Wenn jemand zum Abendessen eingeladen wird, ist die Einladung selten förmlich, eher eine kurze Nachricht: »Hast du heute abend Zeit?« Gäste werden oft als zeitweilige Mitglieder der Familie angesehen, und der Gastgeber wird dem hungrigen Gast deshalb häufig sagen: »Bedien' dich am Kühlschrank«.

2.3.3 Die Auffassung der Deutschen und der Amerikaner von Etikette

Wie bereits erwähnt, ist Unsicherheit zu kontrollieren ein Leitmotiv, das sich durch die deutsche Kultur zieht. Deutsche versuchen, Fehler zu vermeiden, was ihre konservative Kleidung und ihr korrektes, oft steifes Verhalten erklärt. Das zeigt sich auch in der förmlichen Höflichkeit, d. h. in einem innewohnenden Respekt anderen gegenüber.

Ihre zurückhaltende ›Korrektheit‹ hindert sie jedoch nicht, sehr deutlich zu werden, wenn Kritik geübt werden muss. Deutsche kommen häufig direkt zum Punkt, wenn sie etwas stört, selbst wenn das bedeutet, taktlos und laut zu sprechen. Ein Beispiel ist der Kinderarzt, der einer Mutter erzählt, dass ihr überaktives zweijähriges Kind ein wahrer Krimineller werden könnte, wenn sie es nicht stärker disziplinieren. Die Offenheit, die Deutsche zeigen können, schockiert Menschen, die es gewohnt sind, mit Worten zurückhaltend zu sein.

Man sieht dieselbe Tendenz im deutschen Enthüllungs-Journalismus wie des *Spiegel* oder *Stern*. Wenn eine Antwort ausweichend ist, hat der Interviewer keine Bedenken dagegen, das zu kommentieren, oft zum Erstaunen und zur Bestürzung des Interviewpartners. Diese Direktheit hängt wiederum mit der unbewussten Angst vor Unsicherheit zusammen. Wenn etwas schiefgegangen ist, wollen Deutsche alle Fakten bekommen – gute oder schlechte –, um zu verhindern, dass es wieder passiert.

Amerikaner und Deutsche unterscheiden sich in der Art und Weise, in der sie von anderen wahrgenommen werden möchten. Während Amerikaner gemocht werden möchten, wollen Deutschen als glaubwürdig und ehrlich geschätzt werden, besonders im Arbeitsleben. Das erklärt ihre Direktheit und warum Deutsche dazu neigen, auf Cocktail-Partys nicht zu plaudern. Konversation wird geführt, um Angelegenheiten ernsthaft zu diskutieren, seien sie wichtig oder trivial. Wenn man dazu nicht in der Lage ist, wird man als oberflächlich abgetan. Hier legen Deutsche mehr Wert darauf, respektiert als gemocht zu werden.

Interessant ist, wie in Deutschland Höflichkeit von dem allgegenwärtigen Bedürfnis, sich abzugrenzen, beeinflusst wird. Im Gegensatz zur amerikanischen Ungezwungenheit ist es ein absolutes Tabu, einen Deutschen vorschnell mit Vornamen anzureden. Man unterlässt es, mit einer Person, die man kaum kennt, zu vertraut zu tun. Deutsche wollen erst eine engere Beziehung aufbauen, bevor sie zum Vornamen übergehen. Wie erwähnt werden private und öffentliche Arbeitssphäre getrennt.

Auch in der Sprache spiegelt sich das gut wider. Es gibt zwei Formen der Anrede gegenüber dem englischen »you«, das vertrauliche »Du« und das förmliche »Sie«. Dabei wird grundsätzlich das »Sie« gebraucht, es sei denn, man wird aufgefordert, es anders zu handhaben. Das ist ein Kodex, der eine Art von Ordnung etabliert. Man kann wegen Beleidigung mit Geldstrafe belangt werden, wenn man diese Regel gegenüber Beamten missachtet, zum Beispiel wenn man einen Polizisten mit »Du« anredet.

Schließlich sollte man nicht vergessen, dass Deutsche, so wie die meisten anderen Europäer auch, in der Vergangenheit auf die Oberschicht als Vorbild in Formen der Etikette geschaut haben. Man kann es als einen Überrest des alten Klassensystems ansehen, dass jeder, der als kultiviert und gebildet erscheinen möchte, gute Manieren aufweisen muss.

Amerika hat eine komplett andere Erfahrung gemacht, was Etikette betrifft. Gegründet von Einwanderern, die zum größten Teil ungebildet waren, wollte die Neue Welt sich von den Zwängen einer auf Klassen basierenden Gesellschaft freimachen. Das letzte, was die Einwanderer im Kopf hatten, war Förmlichkeit. Es gab Dringenderes zu tun, nämlich in einer neuen Heimat eine Existenz aufzubauen.

Das bedeutet nicht, dass Amerikaner unhöflich sind. Sie besitzen eine natürliche Höflichkeit, indem sie »bitte« und »danke« sagen, wenn es die Umstände erfordern, und sind Fremden gegenüber in der Regel respektvoll.

Ausgeprägtes Protokoll und Förmlichkeit laufen jedoch dem Ursprung der amerikanischen Demokratie zuwider. Jeder, der in einer überlegenen und herablassenden Art handelt, wird als Snob abgelehnt. Die Nation glaubt fest daran, dass »alle Menschen gleich geschaffen worden sind« (»All men are created equal«). Die Nichtexistenz von Klassenstrukturen erklärt, warum Amerikaner einen Beschwerdebrief eher an den Vorstand eines Unternehmens schicken als an die für das beanstandete Produkt verantwortliche Abteilung.

Amerikanische Eltern erziehen ihre Kinder mit der Idee, dass Zwänge oder harte Disziplin jene psychisch verletzen könnte. Als Instrumente der Erziehung werden Lob und materielle Belohnungen gebraucht. Das erklärt zum Teil, warum Amerikaner so freigebig mit Schmeicheleien und positivem Feedback sind. Kinder werden besonders ermutigt, für sich selbst zu denken und ihre Gefühle und Gedanken zu äußern. Es wird von ihnen erwartet, dass sie Sitten, Moral und allgemeines Verhalten mehr durch Beobachtung lernen als dadurch, dass man es ihnen explizit beibringt.

So erzogen, tendieren auch Amerikaner dazu, direkt zu sein, aber in einer ungenauen, flüchtigen Art und Weise. In der Tat neigen sie dazu, gedankenlos »die Wahrheit auszuspucken« oder »alles herauszulassen«. Zum Beispiel sagen Kinder ihren Eltern »Ich hasse euch!« oder »Ihr verletzt meine Gefühle!«, ohne mit Konsequenzen rechnen zu müssen. Ebenso sagen Erwachsene zu ihren Gästen einfach »Es ist schon spät«, ein deutliches Signal, den Abend zu beenden. Selbst wenn Fremde von solcher Offenheit abgeschreckt werden, Amerikaner meinen es keineswegs taktlos oder unhöflich.

Im Laufe der Zeit entstand die Haltung, andere als das zu akzeptieren, was sie sind, und sich selbst genau so zu geben, wie man ist. Amerikaner haben gewöhnlich keine feste Vorgehensweise für bestimmte Situationen. Verhalten wird oft improvisiert. Dies ist charakteristisch für Kulturen mit kontextungebundener Kommunikation (›low-context cultures‹). Doch es hat auch seine negativen Seiten, indem es nämlich Amerikaner manchmal unsicher macht, wie sie sich respektvoll gegenüber anderen verhalten sollen.

In letzter Zeit hat es in den USA die Tendenz gegeben, zu definieren, was gute Manieren sind. Denn es wurde offensichtlich, dass prominente Amerikaner in Wirtschaft, Politik und den akademischen Berufen nicht die Etikettegrundregeln beherrschten, die man normalerweise erwartet. Ob sich dadurch in einem Land, das seinen Individualismus heftig beschützt, die lässige Haltung gegenüber Manieren ändern wird, bleibt die Frage.

2.3.4 Die deutsche präzise Zeiteinteilung gegenüber der amerikanischen Besessenheit, dass »Zeit Geld ist«

Beide, Deutschland und die Vereinigten Staaten, sind zeitplanende Kulturen (›monochronic cultures‹), was bedeutet, sie handeln nach Zeitplänen, eine Sache nach der anderen. Dennoch haben beide Kulturen eine unterschiedliche Auffassung von Zeit.

Die deutsche Vorstellung von Zeit dient dazu, alle Aktivitäten zur rechten Zeit auszuüben. Wie viele Deutsche sagen, ist es der beste Weg zur Anarchie, zu erlauben, verschiedene Aspekte des Lebens zu vermengen. Dahinter steckt wieder das deutsche Unbehagen gegenüber Unsicherheit und Unklarheit.

Immer wenn eine Entscheidung gefällt werden muss, werden Deutsche eine Menge Zeit und Energie darauf verwenden, die Dinge mit allen beteiligten Parteien zu klären. Erst wenn ein Konsens zu der Vorgehensweise erzielt worden ist, geht es genau nach Plan an die Ausführung. Aus diesem Grund scheint das deutsche Wirtschaftstempo weitaus langsamer zu sein als in Amerika.

Deutsche organisieren Zeit nach Arbeitsplänen und Verabredungen. Auf Bahnhöfen hört man immer über die Lautsprecher »planmäßige Abfahrt«, ein Terminus, der die exakt geplante Abfahrt betont. Sie werden irritiert, wenn etwas außerplanmäßig geschieht. Diese starre Haltung weitet sich auf andere Aspekte des Lebens aus. Zum Beispiel werden Stadtwerke selbst dann nicht vor dem 1. November heizen, wenn es schon im Oktober kalt ist. Und wenn man zum Abendessen eingeladen ist, wird erwartet, dass man pünktlich kommt. Das soll nicht heißen, dass die Deutschen unflexibel sind, wenn es zu unerwarteten Zeitverschiebungen kommt, aber im Allgemeinen wird eine zu große Verspätung zu einer Essensverabredung oder einem Geschäftstreffen, die bereits bei fünfzehn Minuten liegen kann, als Ineffizienz oder Desinteresse interpretiert.

Das amerikanische Zeitkonzept hat seine Wurzeln im puritanischen Erbe. Nützliche Aktivitäten sind demnach wertvoll, bedeutungsvoll oder moralisch. Wenn sich jemand nicht aktiv in bedeutungsvollen Handlungen engagiert, wird er nutzlos und unmoralisch. Der berühmte amerikanische Erfinder und Staatsmann Benjamin FRANKLIN sagte: »Vergeude keine Zeit, es ist der Stoff, aus dem das Leben ist.« Seine Vorstellungen von Zeit übten einen tiefen Eindruck auf die Psyche der Amerikaner aus.

Zeit zu ›vergeuden‹ ist sehr unamerikanisch, und die Stunden durch leere Konversation verrinnen zu lassen, wird als beinahe schändlich angesehen. »Er vergeudet meine Zeit«, eine oft gehörte Redewendung, drückt Irritation aus. Der einzige Weg zum Erfolg ist harte Arbeit und, wie immer: »Zeit ist Geld«. Zeit, wie Geld, kann gespart werden, verlorengehen oder gut investiert sein.

Die Vorstellung, dass der gegenwärtige Zustand immer noch verbessert werden kann, er also nicht das Nonplusultra ist, erklärt größtenteils, warum Amerikaner immer in Eile sind. Sie wollen Ergebnisse, jetzt. Niemand will Zeit verschwenden; alles wird so schnell wie möglich getan, ob es Grüße, Verhandlungen oder geselliges Beisammensein betrifft. Das führt zu einer Wirtschaftskultur, die durch schnelle Entscheidungen, rasche Ausführungen und entsprechende Erwartung gekennzeichnet ist. Die Popularität von Büchern wie *The One Minute Manager* zeigen, wie ernsthaft mit Zeit in den USA umgegangen wird. Ständig sucht man nach Wegen, Dinge effizienter zu tun. Schneller fertig zu werden, spart Geld und schafft mehr Zeit für Freizeitaktivitäten.

Die amerikanische Besessenheit, keine Zeit zu verschwenden, ist aber auch in eben diese Freizeitbeschäftigungen übergeschwappt. Wenn ein Amerikaner zu viel am Swimmingpool herumsitzt, wird er nervös und fühlt sich verpflichtet, etwas Produktives zu tun. Das berühmte Zitat eines Amerikaners im Urlaub »Wenn es Dienstag ist, muss dies Belgien sein« spiegelt die Absurdität wider, zu erwarten, sieben europäische Länder in einer Woche sehen zu können. Bei derselben Denkweise ist es keine Überraschung, dass Fastfood-Restaurants wie McDonald's in den USA solch großen Anklang gefunden haben. Alles muss effizient getan werden und schnell, sogar das Essen.

2.3.5 Die unterschiedliche Bedeutung der Begriffe ›Freund‹ und ›friend‹

Die Deutschen sind von Natur aus nicht besonders extrovertierte Menschen. Obwohl sie täglich in Kontakt mit vielen Personen sind, stehen sie nur wenigen wirklich nahe. Das deutsche Wort ›Freund‹ weist auf etwas Tiefes und Besonderes hin, das engste englische Äquivalent ist ›close friend‹. Was Amerikaner dagegen als ›friends‹ bezeichnen, wären im Deutschen ›gute Bekannte‹. Dieser Unterschied wird oft verkannt.

Deutsche nehmen Freundschaft sehr ernst. Sie bedeutet Dauer, einen Schutz vor der unsicheren Außenwelt. Man hört oft den Ausdruck »die Freundschaft pflegen«. Deutsche sind gewöhnlich äußerst wählerisch und ernsthaft mit Freundschaften. Diese zieht langjährige Loyalität mit sich und tiefe (unausgesprochene) Emotionen. Diskussionen über den tieferen Sinn des Lebens und über Gefühle sind nicht unüblich. Ebenso wie Deutsche gewissenhaft Arbeit und Privatleben trennen, um eine Art von Ordnung zu bewahren, unterscheiden sie genau zwischen Freunden und Bekannten.

In den USA ist ›Freundschaft‹ kein klar definierter Begriff. Besucher von außerhalb Nordamerikas sind angenehm überrascht von der Freundlichkeit, die Amerikaner an den Tag legen, aber viele machen den Fehler, Freundlichkeit mit Freundschaft gleichzusetzen, und denken, dass sie nun viele neue Freunde hätten. Wenn die Beziehungen sich nicht als das herausstellen, wofür die Besucher sie gehalten haben, beschweren sie sich, dass die Amerikaner schrecklich oberflächlich seien.

Was Fremde oft nicht verstehen können, ist, dass Amerikaner von Grundwerten der Gleichheit geleitet werden. Zu Beginn wird niemand als besser oder schlechter angesehen als jemand anderes. Das allgemein gebrauchte ›hi‹ drückt den Glauben an Gleichheit aus, die Botschaft ist »Ich bin zugänglich«. Es drückt keine Verpflichtung gegenüber irgendjemandem aus.

Als Ganzes ist der Terminus ›friend‹ weniger tiefgreifend als in anderen Kulturen, da die Amerikaner immer in Bewegung sind – geografisch, sozial und ökonomisch. Folglich haben sie Strategien entwickelt, mit vielen Menschen oberflächlich umzugehen. Wahre Freundschaft bedeutet auch Verantwortung und Verpflichtungen, was genau entgegengesetzt zum amerikanischen Glauben an Freiheit und Unabhängigkeit ist. Da ihnen deshalb Gesprächspartner für tiefergehende Themen fehlen, gehen Amerikaner häufiger zu Psychoanalytikern als Deutsche (Woody ALLEN verkörpert dies). Wenn es die Situation erlaubt, bauen natürlich auch Amerikaner ernsthafte, langwährende Beziehungen auf.

2.3.6 Deutsche erledigen Dinge gründlich und effektiv, Amerikaner effizient und sofort

Bevor diese Unterschiede diskutiert werden, ist es wichtig, die Bedeutung der Wörter ›effektiv‹ und ›effizient‹ zu verstehen.

›Effektiv‹ bedeutet, ein bestimmtes oder erwünschtes Resultat zu erzielen. ›Effizient‹ dagegen bedeutet, einen gewünschten Effekt mit einem Minimum an Aufwand und Kosten zu erzielen.

Der Unterschied zwischen Effektivität und Effizienz wird an dem folgenden Beispiel eines amerikanisch-deutschen Ehepaars deutlich:

> Die deutsche Ehefrau bemerkt eines Morgens zu ihrem amerikanischen Ehemann, dass es schön wäre, ein Regal im Flur zu haben, um ihre Hüte und Kisten zu lagern. Sie nimmt an, dass ihr Mann die Lösung erst ernsthaft durchdenken wird. Der Ehemann, der seine Frau beeindrucken will, indem er Dinge ohne Zeitverschwendung erledigt, baut das Regal, während seine Frau einkaufen ist. Als sie nach Hause kommt, ist sie von der schnellen Arbeit ihres Mannes freudig überrascht. Sie beginnt gleich, Kisten auf das Regal zu legen, mit dem Resultat, dass es zusammenbricht. Ihr Ehemann mag ›effizient‹ gewesen sein, aber er war weit davon entfernt, ›effektiv‹ gewesen zu sein.

Man könnte sagen, dass Deutsche im Ganzen danach streben, gründlich und effektiv zu sein, während Amerikaner dazu tendieren, effizient und schnell zu sein.

In dem Buch *Taken for a Ride: How Daimler-Benz drove off with Chrysler* weisen die Verfasser Bill VLASIC und Brad STERTZ nach, wie diese typisch deutschen Eigenschaften der Daimler-Manager die Leistungsfähigkeit und Schnelligkeit der Chrysler-Manager in den Schatten gestellt haben. Die Deutschen haben sich alles mit Stapeln von Unterlagen und mit sorgfältiger Planung ausgedacht, im scharfen Kontrast zu dem schnellen, intuitiven Management-Stil der Amerikaner, was letztlich dazu führte, dass die Deutschen alle gemeinsamen Treffen dominierten – zum großen Ärger der Amerikaner.

Amerikaner finden im Allgemeinen, dass Deutsche zu viel Zeit darauf verwenden, nach der perfekten Lösung zu suchen. Sie sind von je her ständig in Bewegung gewesen; sie können es nicht leiden, aufgehalten zu werden. Sie leben in der Gegenwart und Zukunft und wollen nicht von der Vergangenheit gestört werden. Zeit wird nicht dazu verwendet, grundlegende Fragen zu stellen oder zu versuchen, eine Lösung zu perfektionieren. Sie sagen: »Lass uns die Sache sofort erledigen«. Amerikaner werden bestimmt von dem Verlangen, effizient zu sein und eine schnelle Lösung zu finden. Folglich glauben sie, nicht viel Zeit zum Nachdenken zu haben. Probleme sollen mit geringstmöglichem (Kosten-)Aufwand gelöst werden.

Ein klares Beispiel dafür war, als Mercedes-Benz 1997 seine erste amerikanische Automobilfabrik in Tuscaloosa, Alabama, startete. Das Unternehmen rekrutierte zwei amerikanische Topexperten von Ford und General Motors, um die Produktion zu beraten. Heiße Dispute entstanden, als das deutsche Management den Amerikanern in ihrer Hast, die Produktion zu starten, vorwarf, statt Autos ›Zinnboxen‹ machen zu wollen. Die Amerikaner antworteten, dass die Deutschen niemals etwas fertigstellen würden, wenn der Produktion nicht mehr Beachtung geschenkt würde. Ein klassischer Fall einer kulturellen Konfrontation zwischen alten Handwerkern, die Qualität schätzen, und Produktionsleuten, die gewinnorientiert denken.

2.3.7 Deutsche legen Wert auf Details, Amerikaner schätzen ›unkonventionelles Denken‹

Ungeachtet der Größe eines deutschen Unternehmens wird beinahe alles durch feste Termine, Konsensbildung und Konformität gelenkt. Die Möglichkeit des Versagens ist auf ein Minimum reduziert. Die deutsche Kultur ist genau wie ein Sinfonieorchester. Wie in jedem Sinfonieorchester wird Konformität geschätzt, Ordnung ist wichtig, und es gibt viele Regeln. Von jeder Person wird erwartet, daß sie ihre Talente zum Guten des Ganzen einbringt. Hauptsächlich sieht sich der Deutsche als ein wesentlicher Teil der Gesellschaft und schätzt gemeinsame Anstrengungen.

In der deutschen Wirtschaft plant das Management auf lange Sicht und en détail: Die folgende Anekdote stellt kurz die deutsche Besessenheit für Details dar:

> Es waren einmal drei Journalisten – ein Franzose, ein Amerikaner und ein Deutscher –, die gefragt wurden, eine fiktive Geschichte über den Elefanten zu schreiben. Der Franzose schrieb *L'éléphant et l'amour*. Der Amerikaner schrieb *Thirty-six miracle Diets for the Modern Working Elephant*. Und der Deutsche schrieb *Die psychologische Natur und die fundamentalen Kräfte der Sozialisation des Elefanten: Band 1, Die symbolische Wichtigkeit des Elefanten, Kapitel 1 »Von Julius Caesar bis zur Gegenwart«.*

Dennoch zahlt sich diese Aufmerksamkeit für Details in einer höheren Produktivität aus. Ein vergleichendes Beispiel: Als die Stadt Denver ihren neuen Flughafen im Jahr 1995 eröffnete, hatte man bis dahin fünfzehn Monate gebraucht, um die computergesteuerten Gepäckbänder zu installieren. Am Eröffnungstag arbeitete das System nicht. Das amerikanische Unternehmen brauchte weitere sechs Monate, bevor es korrekt lief. Ein ähnliches Kontrollsystem wurde von einem deutschen Unternehmen (Quelle AG, Fürth) in einem modernen Versandzentrum in Leipzig installiert. Es wurde in der Hälfte der Zeit gebaut und funktionierte vom ersten Tag an perfekt.

Im Gegensatz zu den Vereinigten Staaten ist ›venture capital‹ (Risikokapital) bis in die späten Neunziger in Deutschland praktisch nicht existent gewesen. Im Allgemeinen sind Deutsche eher reaktiv als aktiv, und Risiken auf sich zu nehmen, gilt als unpopulär. Das soll nicht heißen, dass Deutsche kein Risiko auf sich nehmen. Sie tun es. Und trotz ihrer Gründlichkeit können Fehler geschehen. Ein Beispiel ist der Versuch der Volkswagen AG, in den frühen achtziger Jahren in Pennsylvania ein Kraftfahrzeugwerk für den ›Rabbit‹ (so hieß der ›Golf‹ in Amerika) aufzubauen. Das VW-Management, das seine interkulturellen Hausaufgaben nicht gemacht hatte, nahm fälschlicherweise an, dass ein amerikanischer Fabrikarbeiter dieselbe Art von Grundausbildung hätte wie ein deutscher. Das war nicht der Fall; die Qualität der Fabrikation war schlecht. Am Ende wollten die amerikanischen Konsumenten die in Amerika gebaute Variante des ›Rabbit‹ nicht kaufen. Die Fabrik wurde ein spektakulärer Fehlschlag, die das Unternehmen umgerechnet mehr als 500 Millionen Euro kostete.

Amerikaner haben von Natur aus eine Pioniermentalität und suchen unaufhörlich nach neuen Herausforderungen. Sie mögen und suchen Menschen, die konventionelles Denken nicht akzeptieren und mit dem Status quo nicht zufrieden sind.

Amerikaner können mit einem American-Football-Team verglichen werden, wo Aggressivität und Individualität wichtig sind. Das Spiel besteht darin, sukzessive mit Taktik und Kraft durch die Linien zu brechen, bis das Ziel erreicht ist. Man kann es tatsächlich als ›Fortsetzung‹ der amerikanischen Eroberung des Wilden Westens ansehen. Die Football-Spieler sind Einzelkämpfer, aber es gibt auch das Zusammendrängeln des Teams. Amerikaner sind gut darin, ein Problem gemeinsam anzugehen, intensiv daran zu arbeiten und sich dann zu trennen.

Sie schätzen die individuelle Kreativität sehr hoch. Wie stark sich das durch die Kultur zieht, wird an einer der schlimmsten Beleidigungen deutlich, die ein Amerikaner machen kann, nämlich wenn er einer Person sagt, sie sei »ein totaler Langweiler« (»a total bore«).

Ein anderer Faktor, der erklärt, warum Amerikaner unkonventionelles Denken mögen, ist ihr Misstrauen gegenüber Autorität. Die Vereinigten Staaten entstanden, als die Kolonie die autoritäre Herrschaft von König Georg III. von England abschüttelte. Dieses Misstrauen gegenüber Autorität ist im amerikanischen Gedankengut haften geblieben und hat die Grundlage für eine innovative Kultur gelegt.

Dieses Talent für innovatives Denken wird an der Erfindung des Mountainbikes deutlich. Nach der Ölkrise der frühen siebziger Jahre entschied eine Gruppe von kalifornischen Radfahrern, ein sicheres, leicht zu fahrendes Rad zu entwickeln. Der amerikanische »alles-ist-möglich«-Geist führte zum Gebrauch eines ›exotischen‹ Materials aus der Raumfahrtindustrie und zur Erfindung einer neuen Art von Rahmen, der Stabilität und robustes Aussehen verband, ein deutlicher Kontrast zu den Rennrädern des klassischen europäischen Designs.

2.3.8 Deutsche haben das Bedürfnis, höchste Leistung zu erbringen, Amerikaner wollen Erfolge erzielen

Das ist ein schwierig zu erklärender Kontrast, da die Unterschiede sehr fein sind, aber sie sind dahin gehend wichtig, wie sie Deutsche und Amerikaner motivieren. Viele Deutsche glauben immer noch, dass ihre Arbeit ihre Existenz definiert, während Amerikaner die Vorstellung haben, dass ihre Arbeit festlegt, wie gut sie die soziale Leiter heraufklettern und welche Art von Konsumlebensstil sie haben können. Um dies zu verstehen, muss man in die Tiefe gehen, indem man den Gebrauch der obigen Redewendungen untersucht.

Die deutsche Redewendung »höchste Leistung bringen« hat kein richtiges Äquivalent in der englischen Sprache. Wörtlich bedeutet es »to bring about the highest output or performance«. Es wird oft übersetzt mit »to work intensively«. Die Autobahn, auf der Fahren mit Höchstgeschwindigkeit oft die Norm ist, ist beispielhaft für die deutsche Besessenheit für höchste Leistung und leidenschaftliche Intensität.

Die Glorifizierung von Mühe und Schwerstarbeit geht zurück auf die protestantischen Lehren von Martin LUTHER und Johannes CALVIN. Beide schrieben im 16. Jahrhundert, dass jeder einzelne eine Berufung im Leben zu erfüllen habe, um Gottes Heil zu erlangen. Die Liebe zu Gott würde man durch die bestmögliche Erfüllung von Aufgaben zeigen. Die häufig benutzte Redewendung »Ich muss meine Pflicht tun« drückt diese Tugend aus. Seine Zeit zu verschwenden, Pausen zu machen, nichts zu tun oder die Einkünfte der Arbeit zu genießen, wurde als Todsünde erachtet. Der deutsche Soziologe Max WEBER bezeichnete diese Leidenschaft für Arbeit später als die ›protestantische Arbeitsethik‹.

Sie beeinflusst auch heutzutage noch den Arbeitsstil der Deutschen, sogar in katholischen Regionen, und spiegelt sich in deutschen Ausdrücken wie ›Arbeitswut‹ wider. Die ältere Generation der Deutschen würde stolz sagen, »wir leben, um zu arbeiten«, aber die Einstellung zur Arbeit hat sich in den vergangenen fünfzehn Jahren geändert. Ironischerweise arbeiten die Deutschen von allen europäischen Nationen statistisch gesehen die geringste Anzahl an Stunden pro Woche (1.444 Stunden pro Jahr [Quelle: International Labour Organization – ILO, 2002; berechnet unter Abzug des Urlaubs]), sie produzieren aber den höchsten Pro-Kopf-Umsatz aufgrund ihrer hohen Arbeitsintensität.

Viele Menschen in Deutschland beschweren sich, dass die deutsche Gründlichkeit nachlässt, besonders innerhalb der jüngeren Generation. Dieser schrittweise Wertewandel war voraussehbar. In den Nachkriegsjahrzehnten der vierziger und fünfziger Jahre lebten die Deutschen zwischen Ruinen. Der einzige Weg, aus der kollektiven Katastrophe herauszukommen, war hart zu arbeiten. Zu Anfang der achtziger Jahre hatte das Land einen der höchsten Lebensstandards auf der Welt, und Deutschland begann zu lernen, wie man sich ausruht. Trotz dieses Wandels ist die deutsche Arbeitsmoral immer noch vergleichsweise hoch.

Die meisten Amerikaner sind von derselben protestantischen Arbeitsethik beeinflusst, die die früheren Kolonisten mitbrachten. Die Redewendung »You get nothing for nothing« (»Von nichts kommt nichts«) scheint die amerikanische Einstellung zu Arbeit zu definieren. Ausländer sagen manchmal, dass Amerikaner so arbeitsverrückt oder ›workaholic‹ seien (1.825 Stunden pro Jahr [ILO, 2002]), dass es die amerikanische Sensibilität schwäche.

Was diese Leute nicht verstehen, ist ›the need to achieve‹, das Ideal in den USA, etwas zu erreichen. In einem Land, gegründet auf demokratischen Grundsätzen ohne Klassengegensätze, unterschieden sich Amerikaner voneinander nur durch ihre Handlungen und individuellen materiellen Erfolg. Jeder bestimmte sein Schicksal durch seine eigene Initiative. Die Kultur forderte Leistung, und wenn die einmal gezeigt war, konnte man am ›Streben nach Glück‹ teilhaben.

Dieses rastlose ›need to achieve‹ wurde schon von TOCQUEVILLE wie folgt beschrieben:

> Ein Amerikaner wird ein Haus bauen, in welchem er seinen Lebensabend verbringen will, und verkauft es, bevor das Dach darauf ist; er wird einen Garten pflanzen und vermietet ihn gerade dann, wenn die Bäume Früchte tragen; er wird ein Feld pflügen und lässt die anderen den Ertrag ernten; er wird einen Beruf ergreifen und ihn aufgeben; er wird sich an einem Ort niederlassen und bald danach weggehen.

Amerikaner sind am glücklichsten, wenn Leistungen und Erfolge dokumentiert werden können, z. B. durch Anzeigetafeln, Bestsellerlisten und TV-Quoten, den IQ-Wert oder schließlich durch das Gehalt. Sie haben den angeborenen Glauben daran, einfach fast jeden Aspekt ihres Lebens verbessern zu können. Dies erklärt, warum sie immer effizienter sein wollen, was letztlich zu ihrem Wohlstand führt. Der Erfolg der zahlreichen Selbsthilfebücher macht das deutlich, von Dale CARNEGIES *How to Win Friends and Influence People*, ein Buch über die Techniken, beliebt zu werden, bis zu *The Joy of Sex*, über die Kunst des ›Liebemachens‹. Jedes von ihnen vermittelt die Botschaft, dass man ›Glück‹ erreichen kann, indem man Strategien ändert oder bestimmte Techniken annimmt.

2.3.9 Die deutsche Tradition der Bescheidenheit gegenüber dem amerikanischen Streben nach Ansehen

Die deutsche Kultur hat eine lange Tradition des gegenseitigen Respekts innerhalb ihrer Bevölkerung gehabt. In dieser gegenseitigen Achtung war impliziert, dass Menschen sich ihrer sozialen Klasse zugehörig fühlten. Das Leben in dieser ›Statusgesellschaft‹ bedeutete eine bestimmte Bescheidenheit und Würde, in der der Tischler ein stolzer Handwerker war, der Fleischer ein ausgebildeter Fleischhauer usw. In den vergangenen dreißig Jahren hat sich Deutschland jedoch allmählich in eine moderne Konsumgesellschaft gewandelt, in der jeder seinen Stand zu verbessern sucht. Dennoch sind die Tugenden der Bescheidenheit und des Respekts für andere geblieben.

Ein anderer Punkt, der bedacht werden muss, ist der Neidfaktor, der ein grundlegender Bestandteil der deutschen Psyche ist. Die deutsche

Geschichte ist geprägt von Kriegen, Hunger und Armut. In Deutschland war es oft schwer, sein Auskommen zu haben. Wenn einer reich wurde, wurde es (nach LUTHERS Lehren der Frömmigkeit und Anspruchslosigkeit) als weise und ›gottselig‹ anständig angesehen, es nicht zu zeigen, sonst könnte man Neid erwecken. Sogar heute, wenn jemand sehr erfolgreich wird, sehen es die Menschen als unziemlich an, das auch zu zeigen. Zum Beispiel bitten wohlhabende Deutsche, wenn sie einen ›Mercedes‹ oder ›BMW‹ kaufen, den Händler häufig, die Nummer (die sich auf die Motorgröße bezieht) von der Karosserie zu entfernen, so dass man nicht daraus schließen kann, wieviel sie für den Wagen bezahlt haben.

Amerika wurde gegründet von Millionen von armen Einwanderern, größtenteils aus Europa, die in die Neue Welt kamen, um eine neue Existenz zu starten. Es galt der Grundsatz »alle Menschen wurden gleich geschaffen«. Das bedeutete nicht, dass die Menschen alle gleich waren. Vielmehr drückt er die Idee aus, dass jeder das gleiche Recht hat, sein Glück zu versuchen.

Da es kein Klassensystem gab, war das einzige Kriterium, mit dem die Amerikaner ihren sozialen Stand definieren konnten, das, was sie messbar erreicht hatten. Statussymbole sind der sichtbare Ausdruck von Erfolg. »Keeping up with the Jones« (»mit den Jones' mithalten« oder »Ich muss haben, was der Nachbar hat«) drückt die amerikanische Vorstellung aus, der Welt zu sagen, was man erreicht hat. Amerikaner reden üblicherweise über ihr Gehalt, wie groß ihr Haus ist oder die Marke des Wagens, den sie fahren, da sie stolz auf diese Errungenschaften sind. Image und Status, nicht innere Erfüllung oder Neid, sind die grundsätzlichen Antriebskräfte der Amerikaner.

Das Ergebnis von alledem ist, dass Image in der US-Kultur wichtiger geworden ist als Inhalt. Amerikaner empfinden sich häufig erst dann als erfolgreich, wenn andere sie als ›erfolgreich‹ ansehen. Wohlhabend zu erscheinen reicht in der Regel aus, um Menschen zu überzeugen, dass man tatsächlich eine erfolgreiche Person sei. Amerikaner sind überzeugt, dass das Image eines Menschen die Qualität seiner Produkte und Ideen widerspiegelt.

Diese Realität kann absurde Dimensionen erreichen. Ein deutscher Topberater – der für sich selbst 450 US-Dollar pro Stunde berechnet – sagt, dass das Wichtigste für seine Klienten sei, ihr Gegenüber zu beeindrucken. Er schlägt ihnen oft vor, einfach eine gestreckte *Lincoln*-Limousine mit Chauffeur für täglich 500 US-Dollar zu mieten – dies sei kein hoher Preis, wenn man bedenke, dass dies quasi eine Erfolgsgarantie sei.

2.3.10 Die solide Ausbildung in Deutschland gegenüber dem amerikanischen ›Learn by doing‹

Im Jahre 1992 unternahmen die Herausgeber der Zeitschrift *Newsweek* als Reaktion auf den relativ schlechten Ausbildungsstandard in den Vereinigten Staaten eine Studie, welches Land seine Jugend am besten ausbilde. Die Herausgeber kamen zu dem Ergebnis, dass das beste Schulsystem von allen das deutsche sei. Diesem gälte es nachzueifern.

Warum? Traditionell legte die deutsche Gesellschaft immer Wert auf Erziehung. Die Wichtigkeit einer soliden Ausbildung ist unbestritten, und die Deutschen investieren einen enormen Aufwand an Energie, ihre jungen Leute zu unterrichten. Den hohen Stellenwert, den die Erziehung genießt, beweisen die – im Vergleich zu den USA höheren – Gehälter der Lehrer. Sogar Schüler, die einen Ausbildungsberuf erlernen, haben viel mehr Wissen und berufliche Fähigkeiten als ihre Gegenparts in den USA. Das weltberühmte Dualsystem (= praktische Arbeit und Berufsschule) ist das Ergebnis dieser Mentalität. Die Auszubildenden werden exzellente und gründlich-ausgebildete Arbeiter und bilden das Rückgrat von Deutschlands ökonomischem Erfolg. Dieser Punkt wird von amerikanischen Geschäftsleuten und Ökonomen häufig nicht beachtet.

Die hohe Bewertung von Erziehung und Ausbildung wird aus dem folgenden Beispiel deutlich: Um Topqualität zu sichern, steckte die damalige Mercedes-Benz AG (in Deutschland) über 6.000 Arbeiter und Manager erst in ein einjähriges Umschulungs-Programm, bevor diese begannen, das neues ›S-Klasse‹-Modell zu bauen.

Jedoch hat die rasante IT-Entwicklung mit der global gültigen Forderung nach größeren Kostenersparnissen viele Unternehmen gezwungen, ihre Ausbildungsprogramme zu reduzieren. Ein führender US-Journalist gelangte zu der Ansicht, dass der »Kampf um Gewinn Fertigkeiten und Menschlichkeit ersetzt« (vgl. auch das Nachwort).

Amerikaner auf der anderen Seite sind immer pragmatische Menschen gewesen. Es ist niemals eine wichtige Tugend gewesen, sich fortzubilden, da das als elitär angesehen wurde. Die Unabhängigkeitserklärung von 1776 bestimmte eindeutig, dass »alle Menschen gleich geschaffen wurden«, was jede Form des Elitarismus ausschloss. Amerikaner lieben es, zu sagen: »Wenn du so schlau bist, warum bist du dann nicht reich?«

Das US-Erziehungssystem ist auf der Grundlage der Theorien des Erziehungswissenschaftlers John DEWEY entwickelt worden. Er betonte, dass es mehr die Aufgabe der Schule sei, die natürliche Entwicklung des Kindes zu unterstützen, als die Einprägung von Fakten zu erzwingen. Das Kind wird in seiner Erziehung als aktive Kraft statt als passiver Empfänger von Informationen angesehen.

Als Ergebnis glauben amerikanische Schulen fest daran, ›Lebensgeschick‹ zu lehren – logisches Denken, Analyse, kreatives Problemlösen. Der Inhalt eines gegebenen Faches ist zweitrangig gegenüber dem aktuellen Lernprozess. Das ist die Basis der Vorstellung ›to learn by doing‹. Das Auswendiglernen von Fakten wird als eine Blockade der Kreativität und Individualität angesehen.

Obwohl diese Einstellung ihre Vorteile hat, gibt es einen Nachteil. E. D. HIRSCH betont in seinem Bestseller *Cultural Literacy*, dass ein Student, der nicht eine solide Basis an Fakten und Hintergrundinformationen erlangt hat, Schwierigkeiten haben werde, sich auszudrücken, sei es schriftlich oder mündlich. Das Buch hatte einen tiefgreifenden Einfluss auf das US-Erziehungssystem in der Mitte der neunziger Jahre.

Jüngst haben Schulen begonnen, zu Auswendiglernen und zu mehr Hausaufgaben zurückzukehren.

Da alles in den USA darauf ausgerichtet ist, kurz und praktisch zu sein, wird auch die Ausbildung schnell gemacht, die ›learn by doing‹-Herangehensweise. Der Ausdruck ›Jack-of-all-trades‹ (›Hansdampf in allen Gassen‹) wird häufig gebraucht. Dahinter steht die Idee, dass eine Person im Prinzip alles und jedes tun kann.

Ein Feld, in dem sich die amerikanische Art der Erziehung auszeichnet, ist auf universitärem und ähnlichem Gebiet. Hier zahlt sich intelligentes Fragen und ›unkonventionelles‹ Denken aus, indem es hochoriginelle Ideen und innovative Produkte erzeugt.

2.3.11 Zusammenfassung der psychologischen Charakeristika

Die folgende Auflistung ist aus der amerikanischen Originalausgabe unverändert übernommen werden. Sie entspricht der amerikanischen vereinfachten Sichtweise des Lebens, d. h. der Leser bekommt einen schnellen Überblick. Der deutsche Leser sollte in Betracht ziehen, dass er möglicherweise aufgrund seiner Erziehung und Kultur diese Zusammenfassung als zu verknappt ansehen könnte.

Deutsche tendieren dazu, ...

- ernst
- ängstlich vor Unsicherheit
- sorgfältig und ordentlich
- Perfektionisten
- verschlossen
- förmlich
- risikoscheuend
- übergenau bezüglich Zeitplanung
- wählerisch in der Freundschaft
- gruppenorientiert
- effektiv und gründlich bei der Arbeit
- detailorientiert
- angestrengt in ihrer Arbeit
- bescheiden
- in der Regel gut ausgebildet

... zu sein.

Amerikaner tendieren dazu, ...

- übertrieben selbstbewusst
- optimistisch
- übertrieben vertraulich und lässig
- Improvisatoren
- mitteilsam
- zwanglos
- risikobereit
- gelenkt von dem Grundsatz ›Zeit ist Geld‹
- freundlich zu allen
- Individualisten
- effizient und schnell bei der Arbeit
- unkonventionell-orientiert
- besessen von dem Streben nach Erfolg
- imageorientiert
- manchmal sogar in grundlegenden Dingen mangelhaft ausgebildet

... zu sein.

Kapitel 3
Kulturelle Unterschiede zwischen der amerikanischen und der deutschen Geschäftswelt

Fallbeispiel: Kann nicht jeder Überstunden machen?

Paul Wilson, der neue amerikanische Manager der Metallfabrik Schulz, betrachtete gerade die Verkaufszahlen, als der Verwaltungsassistent in sein Büro kam und die Tür schloss. »Herr Wilson, wir haben gerade einen großen Auftrag eines Automobilwerks in Großbritannien bekommen. Unser Problem ist der Liefertermin. Die Firma möchte, dass alles am Ende des Monats geliefert wird. Das bedeutet, wir haben nur sieben Tage zur Fertigstellung, und wir sind bereits mit anderen Bestellungen ausgebucht.«

Paul Wilson schaute ein wenig überrascht und sagte: »Ich sehe das Problem nicht. Sagen Sie den Beschäftigten, dass wir Überstunden machen, einschließlich dieses Wochenendes. Wir werden heute anfangen.«

Sein Assistent schien verblüfft und platzte heraus: »Herr Wilson, Sie können nicht so einfach in letzter Minute Überstunden verlangen. Deutsche Angestellte sind gegen willkürliche Beschlüsse des Managements abgesichert. Wir müssen erst die Erlaubnis des Betriebsrats einholen, bevor wir die Überstunden veranlassen können.«

Der Amerikaner fragte sich, warum die Deutschen erst eine Erlaubnis brauchten, um Überstunden machen zu können. Beschäftigte mögen doch in der Regel Überstunden wegen des Geldes. Und überhaupt, man kann sich keinem Eilauftrag widersetzen. Zum Teufel, dachte er, wenn diese Deutschen ihre Eigenarten nicht ändern, wird die Firma beginnen, Verluste zu machen.

Die amerikanische und die deutsche Geschäftswelt werden als ›zielorientiert‹ charakterisiert, wobei beide großen Wert auf individuelle Leistung, Ausdauer und harte Arbeit legen. Die Art und Weise, in der diese beiden Kulturen darangehen, diese Dinge zu erreichen, sind jedoch ziemlich unterschiedlich, wie die folgenden Vergleiche deutlich zu machen versuchen.

3.1 Deutsche sind aufgabenorientiert, Amerikaner ergebnisorientiert

Das bestimmende Merkmal der deutschen Beschäftigten ist die Einstellung, ihre Aufgaben zu erfüllen. Traditionell ist die Arbeit in genau definierte Abschnitte unterteilt, und jeder ist dazu bestimmt, eine Aufgabe zu erfüllen. Ein deutscher Beschäftigter sagt: »Ich habe einen Auftrag erhalten«. Die Betonung liegt auf seiner Erfüllung, nicht mehr, nicht weniger.

Im Allgemeinen reagieren Deutsche auf Probleme, sie suchen nicht nach ihnen. Dennoch mögen sie komplizierte Herausforderungen und sind gut darin, komplexe Lösungen zu finden. Einige der einflussreichsten Erfinder und Organisatoren waren Deutsche, so wie Gottlieb DAIMLER, der Erfinder des Automobils. Oder Wernher von BRAUN, der brillante Raketenforscher, der von den amerikanischen Truppen nach dem Zweiten Weltkrieg gefangengenommen wurde, und dem die Verantwortung für das amerikanische Raumfahrtprogramm übertragen wurde. Er verwandelte es in ein höchst effektives Unternehmen (bekannt als NASA), das schließlich den ersten Menschen auf den Mond landen ließ.

Amerikaner werden von Ergebnissen motiviert und orientieren sich daran. Ein Beschäftigter konzentriert sich darauf, was in einem bestimmten Zeitrahmen getan werden kann. Amerikaner ziehen es vor, schnelle Entscheidungen zu treffen. In allen Aktivitäten, die sie unternehmen, liegt die Betonung nicht allein darauf, sie zu erfüllen, sondern auch, sich immer weiter zu entfalten, d. h. die nächsthöhere Stufe zu erklimmen. Der Superstar Michael JORDAN wurde nicht nur der größte Basketball-Spieler aller Zeiten, er schaffte es auch, seinen eigenen Kleidungsstil und eine Sportlinie zu kreieren, und spielte sogar in einem satirischen Film über sich selbst mit.

Die Wichtigkeit, sich immer neue Ziele zu setzen und zu erreichen, geht Hand in Hand mit der Einwanderungsgeschichte der Nation und der Antriebskraft der ›upward mobility‹. Das ist der Grund dafür, dass amerikanische Kinder ermutigt werden, in ihrem Leben die Initiative zu ergreifen, um in das Unbekannte vorzustoßen.

3.2 Die enge Partnerschaft zwischen Wirtschaft und Regierung in Deutschland, ihr gespanntes Verhältnis in den USA

Die deutsche Wirtschaft basiert auf Konsens und Kooperation. Ihr Hauptgrundsatz ist der des ›sozialen Paktes‹, einer Verbindung von Belegschaft, Wirtschaft und Regierung. Anstatt starke gegensätzliche Positionen zu betonen, die zu wiederkehrenden Arbeitskonfrontationen führen würden, suchen Regierung, Gewerkschaften und Management nach Kompromissen, um lange Perioden industriellen Friedens zu gewährleisten. Diese Kooperation wird veranschaulicht durch eine Reihe von Mitbestimmungsrechten, die auch die Gewerkschaften in den allgemeinen Entscheidungsprozess einbeziehen (z. B. § 7 Abs. 2 Mitbestimmungsgesetz).

Der soziale Pakt hat eine lange Tradition in Deutschland. Otto von BISMARCK führte bereits 1871 die Kranken- und Rentenversicherung für alle Beschäftigten ein. Später setzte Wirtschaftsminister Ludwig ERHARD 1948 die ›soziale Marktwirtschaft‹ in Gang, welche die Prinzipien einer freien Marktwirtschaft mit einem umfassenden Programm der sozialen Sicherheit verknüpfte.

Die Partnerschaft zwischen Regierung und Wirtschaft wird auch an den großen Anteilen deutlich, die Bund und Länder an Hunderten von Unternehmen haben. Zum Beispiel besitzt das Land Niedersachsen beinahe einen Anteil von 20 % an den Aktien der Volkswagen AG. Zusätzlich helfen Regierungszuwendungen – üblicherweise in Form von Kreditzusagen – den Unternehmen dabei zu exportieren. Deutsche Unternehmen und Unternehmer können bis zu 100 % Garantien bei riskanten Exportunternehmen (›high risk ventures‹) bekommen, was sie auf dem Weltmarkt wettbewerbsfähig macht.

Dennoch beginnt man allmählich, diese lange Tradition der Wahrung des sozialen Pakts zu hinterfragen. Mit dem Beginn der Globalisierung und der Tatsache, dass einige große deutsche Unternehmen das amerikanische System der Vergabe von Aktienanteilen und Prämien übernehmen, bleibt abzuwarten, ob Industrie, Beschäftigte und Regierung ihren sozialen Pakt beibehalten können. Vor allem, da die hohen Nebenkosten in Deutschland die Wettbewerbsfähigkeit verringern.

Amerikaner betrachten ihre Regierung traditionell mit Misstrauen. Eine starke Regierung widerspricht ihrer Natur, selbstverantwortlich und unabhängig zu sein. Ein beliebtes Zitat lautet: »Jede Macht korrumpiert und absolute Macht korrumpiert absolut.«

Die Aversion gegen die Regierung spiegelt sich auch im nichtsozialistischen Charakter der amerikanischen Wirtschaft wider. Nach einer Studie des Internationalen Währungsfonds aus den achtziger Jahren werden mehr als 95 % der US-Wirtschaft von privaten Unternehmen geführt. Praktisch die gesamte Telekommunikation (einschließlich Fernsehen und Radio), Elektronik, Transport und Gesundheitspflege sind in privater Hand.

Anders als in den meisten anderen industriellen Demokratien verbindet die amerikanische Bundesregierung keine aktive Partnerschaft mit der Wirtschaft, sondern eher eine inoffizielle Partnerschaft. Obwohl es keine direkte Beziehung zwischen Industrie und Regierung gibt, gibt es indirekte Zuwendungen. Zum Beispiel wird Forschung und Entwicklung von Boeing durch militärische Verträge mit dem Pentagon stark gefördert. Die amerikanische Wirtschaft ist durch ihre Lobbys, die ihren Einfluss auf die Regierungspolitik ausüben, in Washington ungeheuer aktiv. Sie fordert, dass die Regierung die Bürokratie auf ein Minimum beschränken soll.

Bundesstaatliche und lokale Regierungen haben einen direkteren Einfluss auf die Wirtschaft. So sind die Bundesstaaten und Kommunen bereit, auf Gebühren und Steuern bis zu fünf Jahren hintereinander zu verzichten, um ihre Gegend für Unternehmen attraktiv zu machen. Ein Beispiel dafür sind die Steuererlasse und Subventionen Alabamas für das Mercedes-Benz-Werk in Tuscaloosa.

3.3 Unternehmensinterner Aufstieg zum Manager in Deutschland im Vergleich zu den amerikanischen ›hired guns‹

Deutsche Unternehmen suchen im Ganzen Stabilität und denken auf lange Sicht, was einen direkten Einfluss auf die Art und Weise hat, wie sie ihre Angestellten behandeln. Da die Einstellung des deutschen Managements eher konservativ ist, betreiben sie keine destabilisierende Politik nach dem Grundsatz ›hire and fire‹ (das deutsche Arbeitsrecht macht es in der Tat schwierig, Arbeitnehmer zu entlassen). Sie ziehen es vor, ihrem Personal Sicherheit zu gewährleisten, und erwarten im Gegenzug Loyalität. Als Folge ist es sehr wahrscheinlich, dass ein Angestellter innerhalb eines Unternehmens zum Manager aufsteigt.

Während in den USA die Beförderung oft durch Eigeninitiative beschleunigt wird, ist das in Deutschland unüblich. In Deutschland basiert Beförderung eher auf geplantem Fortschritt. Ein schneller Aufstieg auf der Karriereleiter ist selten, denn Deutsche legen großen Wert auf Training, Qualifikationen und Erfahrung.

Untersuchungen zeigen, dass ein Stellenwechsel von einem ausländisch geführten Unternehmen aus wahrscheinlicher ist als von einem der großen deutsch-geführten Unternehmen oder mittelständischen Familienunternehmen. Deutsche sind in der Regel auch altmodisch, wenn es darum geht, aus Anstellungsgründen umzuziehen. Sie ziehen es vor, in ihrer Heimatstadt zu bleiben, selbst wenn das bedeutet, auf eine Beförderung oder Gehaltserhöhung zu verzichten.

Amerikaner sind traditionell geprägt von der ›Grenzmentalität‹ (›frontier mentality‹), die eine Person antreibt, ständig neue Abenteuer und Herausforderungen zu suchen. Fügt man den hohen Wert hinzu, den Individualismus und Selbstbehauptung haben, trifft man auf Menschen, die sich selten mit einer Gruppe identifizieren. Für den amerikanischen ›homo oeconomicus‹ ist Karriere und Wohlstand weitaus wichtiger als Loyalität zu einem Unternehmen oder zu Freunden. Das Wort ›Loyalität‹ hat in der amerikanischen Kultur bezeichnenderweise eine andere Bedeutung als in der deutschen. Die folgende Begebenheit erzählt von einem deutschen Manager, der in der Niederlassung seiner deutschen Firma in New York arbeitete. Sie illustriert die Art von Missverständnis zwischen beiden Kulturen, die in dem unterschiedlichen Verständnis von Loyalität liegt:

> Sein amerikanischer Persönlicher Assistent informierte den Manager, dass er eine bessere Stelle gefunden habe und seine derzeitige Position bald aufgeben würde. Er sagte trotzdem: »Ich habe gern für dieses Unternehmen gearbeitet. Um meine Loyalität zu zeigen, werde ich für die nächsten beiden Wochen bleiben.«
>
> Der deutsche Manager war verblüfft. Er betonte gegenüber dem Verfasser, dass ein Deutscher, wenn er sein derzeitiges Unternehmen verlassen würde und seine Loyalität demonstrieren wolle, bis zu sechs Monate vorher Bescheid geben würde.

Wie können wir diese Reaktion interpretieren? Wenn sich die Möglichkeit ergibt, haben Amerikaner überhaupt keine Skrupel, zu einer anderen Firma zu wechseln, die einen besseren Vertrag und bessere Konditionen bietet. Ein amerikanischer Angestellter fasste diese Haltung so zusammen: »Meist betrachten Amerikaner ihr Unternehmen objektiv als ein Vehikel, durch das man Macht erlangt, Selbstbestätigung, professionelle Stimuli und Einkommen. Es ist ein Mittel zum Zweck.«

3.4 Der Mangel an Arbeitsflexibilität bei Deutschen gegenüber der amerikanischen Mentalität des ›can do‹

Die deutsche Gesellschaft braucht Ordnung und die Geschäftswelt spiegelt das mit streng bestehenden Rollen für alle Angestellten wider. Der

Verantwortungsbereich wird genau in der Stellenbeschreibung definiert. Ist ihre Rolle einmal umrissen, beschränken sich deutsche Angestellte auf die Pflichten ihrer designierten Position. Wenn Beschäftigte gebeten werden, Aufgaben außerhalb ihrer normalen Tätigkeiten zu übernehmen, sagen sie in der Regel: »Ich bin dafür nicht zuständig«. Diese Starrheit ist der Auswuchs einer Gesellschaft, in der Menschen mit ihrem sozialen Status zufrieden sind. Im Gegensatz zu Amerikanern fühlen sich Deutsche sicher, wenn sie einen genau definierten Platz in der sozialen Ordnung haben. Und einmal in einem bestimmten Job, ist es äußerst schwierig, in ein neues Arbeitsfeld zu wechseln.

(Dennoch sollte betont werden, dass durch den Druck der Globalisierung und die Internet-Revolution viele Deutsche, insbesondere aus der jüngeren Generation, diese Werte in Frage stellen. Unternehmen in neuen Wirtschaftszweigen wie Computer/Internet, Multi-Media oder Werbung nehmen viele der Werte an, die üblicherweise mit US-Firmen verbunden werden, wie Schnelligkeit, Flexibilität und Leistungsfähigkeit.)

Schließlich vermitteln geschlossene Bürotüren eine Botschaft der extremen Unterteilung. Die meisten Deutschen fühlen sich unbehaglich mit dem Prinzip des ›open office‹, das in amerikanischen Unternehmen vorherrscht. Die territoriale Haltung des deutschen Beschäftigten führt dazu, dass er kaum Informationen mit denjenigen außerhalb der Abteilung austauscht. Der Mangel an Informationsfluss ist ein riesiges Handicap für Deutsche im Arbeitsleben.

Amerikaner werden erzogen, ihren Platz in der Gesellschaft nicht einfach hinzunehmen und sich ständig selbst zu bestätigen. Sie sind darauf programmiert, ihre Situation zu verbessern, und sind bereit, alles dafür zu tun.

Das Ergebnis ist eine Nation, die offen für überzeugende Macher ist. In diesem Land geht das Sich-Brüsten mit angenommenen Talenten einher mit einer Haltung des ›can do‹. Das eklatanteste Beispiel ist das von Ronald REAGAN, einem sehr talentierten und überzeugenden Redner. Er begann als Radioansager, ging nach Hollywood, um Filmstar zu werden, und wechselte dann in die Politik und wurde Gouverneur von Kalifornien, bevor er für insgesamt acht Jahre in das Weiße Haus gelangte.

3.5 Die deutsche Zurückhaltung gegenüber der Wirtschaft und »the business of America is business«

Amerikanische Geschäftsleute, die nach Deutschland versetzt werden, sind überrascht zu erfahren, dass das Geschäftsleben dort nicht denselben Status genießt wie in den USA. Obwohl Deutschland – zum Teil infolge des Erfolgs der Industrie und der Partnerschaft zwischen Beschäftigten und Industrie – den höchsten Lebensstandard in Europa hat, betrachten die Deutschen die Wirtschaft immer noch mit Zurückhaltung.

Dafür gibt es viele Gründe: Deutschland hat eine lange Tradition der Klassenausbeutung, die ihren Höhepunkt nach dem Ersten Weltkrieg erlangte, als Monopole in wirtschaftlicher und sozialer Hinsicht herrschten. Das ließ zu dieser Zeit viele Deutsche in ihrer politischen Ansicht zu Sozialisten oder sogar Marxisten werden.

Es ist kein Zufall, dass der große Sozialkritiker des 19. Jahrhunderts, Karl MARX, aus Deutschland kam. Sein beliebter Ausdruck ›Ausbeutung‹ wird in Deutschland weitaus häufiger gebraucht als in Amerika. Deutsche Beschäftigte reagieren sensibler auf diesen Begriff, und durch die Macht der Gewerkschaften sind sie in der Lage gewesen, eine gerechtere Verteilung des Wohlstandes zu erreichen, als es sie in den Vereinigten Staaten gibt.

Deutsche Unternehmen hatten bis vor kurzem wenig Verständnis für das Konzept von ›Public Relations‹. Ein anschauliches Beispiel ist das von Daimler-Benz. Bis 1987 gab es kein einheitliches ›Corporate Image‹. Die Unternehmensleitung sah keine Notwendigkeit, der Öffentlichkeit über sich zu berichten. Diese ›laissez-faire‹-Haltung gegenüber der Öffentlichkeit hat sich insgesamt in den letzten zehn Jahren gewandelt, in denen es mehr PR-Kampagnen durch deutsche Unternehmen gab.

»The business of America is business« – »Das Hauptinteresse Amerikas ist das Geschäft« – ist ein berühmter Ausspruch aus den zwanziger Jahren, der das allgemein vorherrschende Gefühl ausdrückt, das Amerikaner gegenüber der Wirtschaft hatten. Im Großen und Ganzen genießt die Wirtschaft immer noch einen guten Ruf in den USA. Die Erklärung ist einfach.

Man nimmt allgemein an, dass die amerikanische Kultur mit der ersten englischen Siedlung im Jahre 1607 begann. Der ökonomische Fortschritt des Landes seitdem ist phänomenal: Von der Wildnis bis zur Computertechnologie innerhalb weniger Jahrhunderte. Grenzenlose natürliche Ressourcen ermöglichten es den Vereinigten Staaten, eine Gesellschaft des Überflusses aufzubauen, die durch eine nicht enden wollende Welle von Einwanderern unterstützt wurde, die niemals aufgehört haben, nach Wegen der Verbesserung zu suchen.

Der persönliche Reichtum, den die Amerikaner gewonnen haben, ist niemals als ›auf Kosten anderer gewonnen‹ angesehen worden. Gemeinhin glaubt der Durchschnitts-Amerikaner, dass die dynamische Natur der Wirtschaft Gelegenheiten und Jobs für alle schafft. Im Gegensatz zur deutschen Kultur, in der Erfolg oft mit Neid betrachtet wird, bewundern die meisten Amerikaner erfolgreiche und wohlhabende Menschen und wollen selber reich werden.

3.6 Deutsche legen Wert auf Geschäfts-›Beziehungen‹, Amerikaner auf das ›Festhalten am Vertrag‹

Deutsche sehen wie die meisten Kontinentaleuropäer einen Geschäftsabschluss traditionell als den Aufbau einer persönlichen Beziehung an. Eine Übereinkunft wird oftmals mündlich und mit einem Händeschütteln besiegelt. Sie basiert auf dem Grundsatz ›Vertrauen gegen Vertrauen‹. [Der Verfasser arbeitete sechzehn Jahre auf freier Basis für Daimler-Benz und hat nicht einmal einen Vertrag unterzeichnet. Auf alles einigte man sich mündlich.]

Natürlich sind die meisten Übereinkünfte in Deutschland unterzeichnete Verträge. Sie sind eher auf langwierige Beziehungen als auf kurzfristige Ziele abgestimmt und sind als Kompromiss zwischen den Parteien gedacht, eine ›win-win‹-Situation (jede Partei gewinnt etwas). Deutsche Verträge enthalten normalerweise keine Klauseln, die jede nur mögliche Situation abdecken, wie es in den USA der Fall ist. Der deutsche Vertrag wird in der Tradition des Gedankens von ›Treu und Glauben‹ gesehen (verankert in § 242, einer Generalklausel des Bürgerlichen Gesetzbuches). Das bedeutet, innerhalb des Rahmens eines Vertrages kann eine logische Struktur gefunden und auf eine neue Situation übertragen werden. Allerdings nimmt auch in Deutschland das Bedürfnis nach allumfassenden Regelungen zu.

Für Amerikaner gilt der Vertrag als heiliges Dokument. Der Ausdruck »A deal is a deal« ist ein Standard-Idiom, das bedeutet, dass ein Vertrag niemals geändert oder gebrochen werden darf. Induktiv von Natur aus, wird er in jedem Detail alle wichtigen Punkte behandeln und in der Regel eine Reihe von Möglichkeitsklauseln enthalten. Sollte eine Partei es wagen, eine Klausel nicht zu beachten, wird die andere Partei nicht zögern, vor Gericht zu gehen und auf Schadenersatz zu klagen. Die Betonung bei Vereinbarungen liegt üblicherweise auf unmittelbaren Ergebnissen und Gewinnen, selbst auf Kosten der bestehenden Beziehung.

Dieses penible Beharren auf dem Kleingedruckten in einem Vertrag ist eng verbunden mit dem amerikanischen Glauben an Freiheit und Gleichheit. Um diese Ideale durchzusetzen, ist das soziale Verhalten durch strenge Regeln und Gesetze kodifiziert worden. »In Amerika zeigen alle Klassen großen Respekt für das Gesetz«, schrieb TOCQUEVILLE im Jahre 1835. Das erklärt, warum es so viele Rechtsanwälte in den USA gibt: sie werden gebraucht, um zu interpretieren, wie man sich in einer Gesellschaft zu verhalten habe, die ursprünglich keine Tradition hatte, auf die sie zurückgreifen könnte.

3.7 Die Diskriminierung von Frauen im deutschen Geschäftsleben, ›Gleichheit‹ der Geschlechter in den USA

Deutsche Frauen waren in der Vergangenheit auf die traditionelle Rolle der ›hingebungsvollen Ehefrau‹ festgelegt, basierend auf der alten Ideologie ›Kinder, Küche, Kirche‹. Trotz der Veränderungen in der Gesetzgebung in den sechziger und siebziger Jahren haben es Frauen immer noch schwer, in der Geschäftswelt leitende Positionen zu erklimmen. Verglichen mit anderen Industrienationen ist das ›Glasdach‹ extrem niedrig (das ist die unsichtbare Barriere innerhalb einer Unternehmenshierarchie, die Frauen davon abhält, Positionen in der höheren Ebene zu besetzen). Eine Untersuchung fand 1963 heraus, dass nur 3,4 % der westdeutschen leitenden Angestellten Frauen waren. Eine ähnliche Untersuchung fand heraus, dass der Prozentsatz 1990 praktisch derselbe geblieben war. Im öffentlichen Dienst haben Frauen größere Chancen, voranzukommen, da sie bei Einstellungen bevorzugt berücksichtigt werden, wenn sie die gleiche fachliche Qualifikation wie Männer haben.

Die deutsche Gesellschaft ermutigt Frauen nicht, in leitende Positionen zu gelangen, besonders wenn sie Kinder haben möchten. Ganztagshorte sind noch selten. Die Schule endet normalerweise mittags, was es schwierig macht, gleichzeitig eine steile Karriere zu machen und eine gute Mutter zu sein. Es gibt auch Gehaltsnachteile, wobei Frauen häufig, wenn es keinen Tarifvertrag gibt, nur etwa 70 % von dem Gehalt der Männer verdienen. Auf der anderen Seite sind nicht alle Türen für deutsche Frauen verschlossen. So sind ca. 10 % der Mitglieder des Bundestages Frauen.

Amerikanische Frauen haben im Allgemeinen eine größere Chance, die Karriereleiter hinaufzuklettern, und sind dort präsenter (1992 waren 16 % aller leitenden Positionen mit Frauen besetzt). Eine wachsende Anzahl von Frauen verschieben Heirat und/oder Kinder zugunsten ihrer Karriere. Das hat dazu geführt, dass amerikanische Frauen hinsichtlich ihrer beruflichen Chancen an der Weltspitze liegen. Aber jüngste Studien belegen, dass eine Frau, so intelligent sie auch sein mag, immer noch nicht so ernst genommen wird wie ein Mann. Mit anderen Worten, eine Frau muss härter arbeiten, um eine leitende Position zu erringen. Trotz aller gesetzlichen Vorteile sind Frauen normalerweise gezwungen, sich mehr zu beweisen. Die Einkommensunterschiede zwischen Männern und Frauen sind annähernd dieselben wie in Deutschland.

Mit der gewachsenen Anzahl von Frauen in der Geschäftswelt glaubten viele Kommentatoren, die ›weiblichen Werte‹ würden ihre Präsenz spürbar machen: Das Geschäft würde weniger konkurrierend werden und sich mehr um menschliche Belange kümmern. Das scheint nicht passiert zu sein. Stattdessen haben sich Frauen meist angepasst, um in die ›Männerwelt‹ zu passen.

3.8 Die deutsche und die amerikanische Auffassung von Managern

Amerikanische Business Schools sind stolz auf ihre Management-Theorien und glauben, sie seien universell anwendbar. Dennoch kann Management nach amerikanischem Stil außerhalb der Grenzen der USA nicht immer funktionieren. Wie wir sehen werden, hat der Begriff ›Manager‹ sehr unterschiedliche Bedeutungen in Amerika und Deutschland.

Der linguistische Ursprung des Wortes ›manage‹ kommt vom lateinischen Wort ›manus‹, das Hand bedeutet. Später wurde es im Italienischen zu ›maneggiare‹, dem Trainieren der Pferde in der Manege; später wurde seine Bedeutung die gekonnte Handhabung im Allgemeinen. Das Französische formte es zu ›ménage‹ um, die Kunst, einen Haushalt zu führen. Heute bedeutet ›to manage‹ zu führen oder zu verwalten.

Was ist der Manager im amerikanischen kulturellen Kontext? Die Wurzeln sind zu finden in den Schriften von Adam SMITH, Autor des 1776 erschienenen Buches *The Wealth of Nations*, und denen von John Stuart MILL, dem britischen Ökonomen des 19. Jahrhunderts. In seinem

1911 erschienenen Werk *The Principles of Scientific Management* definiert der Sozialwissenschaftler Frederick TAYLOR Manager als eine Gruppe von Menschen, die (1.) kein eigenes Geschäft besitzen, aber ihre Fähigkeiten zugunsten der Besitzer verkaufen, und (2.) nicht persönlich produzieren, aber unverzichtbar sind, um andere produzieren zu lassen (durch ›Motivation‹).

Obwohl das Grundelement einer Arbeitsorganisation die Menschen sind, die die Arbeit tun, herrscht in der amerikanischen Wirtschaft die Ansicht, dass der einzelne Manager der Schlüssel zum Erfolg einer Firma ist. Bis zu den Skandalen um die Unternehmen Enron und WorldCom wurden Manager in einigen Kreisen regelrecht als Helden angesehen. Als Michael EISNER, Vorstandsvorsitzender der Walt Disney Company, 1997 sagenhafte 575 Millionen US-Dollar verdiente, wurde er in den Medien wie ein Rock-'n'-Roll-Star gefeiert.

Aber Manager erhalten ihr ›raison d'etre‹ von den Menschen, die von ihnen gelenkt werden. Ein Manager ist ein Teil einer Gruppe von Menschen, die er leitet. Die japanische – und in einem geringeren Maße die europäische – Wirtschaft folgt dieser Linie, in der die Arbeitsgruppe Entscheidungen zusammen mit dem Manager fällt oder zumindest an ihnen teilhat.

Ein Grund dafür, dass die ›geschäftsführende Klasse‹ als Herzstück des US-Unternehmertums angesehen wird, ist der Mangel an ausgebildeten Beschäftigten in Nordamerika. Der Wirtschaftshistoriker Alfred CHANDLER betont in seinem Buch *Scale and Scope – The Dynamics of Industrial Capitalism*, dass der Prozess der Industrialisierung in den USA und Europa im 19. Jahrhundert sehr unterschiedlich verlaufen sei. Während die USA enorme natürliche Ressourcen und Land besaßen, waren aus gebildete Beschäftigte eine Seltenheit. Europa verfügte auf der anderen Seite über gut ausgebildete Beschäftigte, aber es mangelte an Rohstoffen.

Diese beiden unterschiedlichen Ausgangspunkte hatten weitreichende Konsequenzen. Die USA bevorzugen den standardisierten und zeitsparenden Produktionsablauf, der es ermöglicht, nichtausgebildete Kräfte leicht anzuwerben. In Europa dagegen sind viele mittelständische Unternehmen durch den flexiblen Einsatz von ausgebildeten Beschäftigten und kontinuierlicher Produktion gewachsen.

Das amerikanische Misstrauen gegenüber kollektiver Autorität ist ein weiterer Grund dafür, dass bisher kein nationales Programm eingerichtet worden ist, um geschulte Fachleute auszubilden. Üblich ist eine halbausgebildete Arbeitskraft, die in der Lage ist, passable Arbeit in verschiedenen Bereichen auszuüben, oftmals bezeichnet als ›Jack-of-all-trades workers‹. (Es ist interessant, dass der Ausdruck ›Jack-of-all-trades‹ in den USA oft gebraucht wird, während man sein Äquivalent im Deutschen – ›Hansdampf in allen Gassen‹ – selten hört.)

Es ist ein Leitmotiv der amerikanischen Kultur, dass jeder, der zwei Hände hat, ›on the job‹ lernen kann. Und da die Beschäftigten häufig schnell ausgebildet werden, liegen die Qualitätskontrolle, Motivation und der erfolgreiche Abschluss eines Projektes in der Verantwortung des Managers.

Wie unterscheidet sich nun das deutsche Management vom amerikanischen? Internationale Experten stimmen darin überein, dass eine der größten Errungenschaften, die das deutsche Wirtschaftssystem besitzt, das ›Dualsystem‹ ist, in dem junge Menschen erst speziell für einen Beruf ausgebildet werden, sei es im Büro oder auf Geschäftsebene.

Sein Erfolg geht zurück auf das mittelalterliche System der Gilden, das ausgebildete Fachleute bevorzugte. Die Ausbildung wechselt zwischen praktischer Arbeit und Unterricht. Am Ende der Ausbildung, in der Regel nach drei Jahren, erhält der Arbeiter einen Facharbeiterbrief. Dieses Zeugnis wird hoch bewertet.

Gar nicht wenige deutsche Unternehmenschefs begannen ihre Karriere mit einer Ausbildung. Der derzeitige Vorstandsvorsitzende der DaimlerChrysler AG, Jürgen SCHREMPP, fing zum Beispiel als gelernter Automechaniker an.

Studien, die in ähnlichen deutschen, britischen und französischen Unternehmen gemacht wurden, zeigen, dass Deutsche den größten Prozentsatz an Personal in produzierenden Rollen und den niedrigsten in Führerschaft und Personalwesen haben. Das hängt direkt mit dem deutschen Ausbildungsprogramm zusammen. Da sie dazu ausgebildet wurden, eigenverantwortlich zu arbeiten, erwarten deutsche Beschäftigte von ihrem Chef oder Meister, dass er ihnen Aufgaben zuteilt. Im Gegenzug lösen sie die technischen Probleme allein, indem sie eine Aufgabe als eine Herausforderung an ihre erworbenen Kenntnisse betrachten. Es würde als Beleidigung ihrer Berufsehre betrachtet, wenn irgendjemand sie ›motivieren‹ müsste.

Derselbe Grad an Stolz fehlt häufig in den USA. Der Verfasser hat Erfahrungen mit deutschen Mechanikern bei Daimler-Benz gemacht, die in die USA geschickt wurden, um amerikanischen ›Mercedes‹-Händlern zu helfen, ihren Reparaturservice zu verbessern. Alle waren sie immer wieder erstaunt über die schlechte Allgemeinbildung und den Mangel an Qualifikation insgesamt, der von amerikanischen Automechanikern an den Tag gelegt wurde.

> Ein junger Meister erzählte, wie er den Besitzer eines Autohandels in North Carolina schockte, indem er mit Hilfe eines Ölstabs herausfand, wieviel Dieselöl in einem Bootstank war. Er versenkte den Messstab im Tank und extrapolierte, wie viele Gallonen übrig waren, indem er das Volumen des Öltanks berechnete. Der amerikanische Besitzer sah ihn an, als ob er ein Genie wäre.

Es ist interessant festzustellen, dass die US-Beratungsfirma Booz Allen Hamilton im Jahre 1973 vom deutschen Wirtschaftsministerium beauftragt worden ist, eine Studie über das deutsche Management vom amerikanischen Blickpunkt aus zu schreiben. Die kulturelle Befangenheit der amerikanischen Berater wurde deutlich, als sie – trotz des stattgefundenen Wirtschaftswunders – schrieben: »Deutsche haben einfach keine konkrete Vorstellung von Management«. Sie kamen zu diesem Schluss, da deutsche Manager und leitende Angestellte ursprünglich als technische Experten ausgebildet worden sind, nicht als MBA's (Masters of Business Administration). Über 60 % der produzierenden Unternehmen werden von promovierten Ingenieuren geleitet. Wenn überhaupt irgendwelche Führungsqualitäten erlernt worden sind, dann improvisiertes Verhalten auf Geschäftsebene.

Das Beratungsunternehmen hat auch die Wichtigkeit von Perfektionismus in der deutschen Kultur nicht berücksichtigt, in der von den Menschen automatisch erwartet wird, nach dem Besten in sich und anderen zu streben. Beschäftigte sagen typischerweise: »Machen wir es richtig!« Manager sehen daher keinen Grund zu lernen, das Personal zu motivieren oder sogar zu beaufsichtigen; sie nehmen an, dass die Arbeit auch ohne Rippenstöße gut gemacht wird. Abläufe haben ordentlich zu sein und sollen gehorsam ausgeführt werden. Die Angestellten erhalten detaillierte Informationen über alles, was mit der Aufgabe zusammenhängt. Wenn es ein Problem gibt, wird vom Angestellten erwartet, dass er es selbständig löst.

Gleichermaßen tendiert der deutsche Manager – wenn es ein Problem gibt – dazu, zu glauben, dass das Problem im schlecht erdachten System begründet liegt, nicht im Angestellten. Der Manager ist daher eher mit institutioneller Kontrolle und Vorgängen befasst als mit Kontrolle der Angestellten innerhalb einer Abteilung.

In dieser relativen Unabhängigkeit der deutschen Angestellten und ihrer gründlichen Ausbildung sieht übrigens der Historiker Paul KENNEDY in seinem Buch *Aufstieg und Fall der großen Mächte* einen Hauptgrund dafür, dass die deutsche Armee im Zweiten Weltkrieg trotz der überwältigenden Überlegenheit der alliierten Truppen so lange in der Lage war standzuhalten. Das außerordentlich hohe intellektuelle Kaliber und die Ausbildung sowohl der Offiziere als auch der Stabsoffiziere – sogar im letzten Jahr des Krieges – waren es, die dem deutschen Operationsgrundsatz der ›Inneren Führung‹, der von dem preußischen Generalfeldmarschall Helmuth Graf von MOLTKE im Jahre 1870 perfektioniert wurde, zum Erfolg verhalfen. Dieser Grundsatz, oft selbst in amerikanischen Militärkreisen ›Auftragstaktik‹ genannt, erlaubte »Flexibilität und dezentrale Entscheidungsprozesse auf dem Schlachtfeld, die sich dem enthusiastischen, aber unprofessionellen Vorwärtsdrang der amerikanischen Truppen als weit überlegen erwiesen«.

Im Gegensatz zur amerikanischen Geschäftspraxis gratulieren deutsche Manager selten jemandem zu einer guten Arbeit. Die folgende Geschichte illustriert dies gut.

> Ein amerikanischer Angestellter, der für ein deutsches Unternehmen arbeitete, erhöhte die Verkaufsrate seiner Abteilung nach einem Jahr um 45 %. Bei einem Treffen mit seinen deutschen Vorgesetzten fragte er, wie er sich so machte. »Wir hatten keine Beschwerden«, war die Antwort. Der Amerikaner war schockiert, verstand aber später, dass »ein amerikanischer Chef kritisiert, indem er nicht lobt, und ein deutscher Chef lobt, indem er nicht kritisiert.«

3.9 Motivation – Wie unterscheiden sich Deutsche und Amerikaner?

Um Motivation innerhalb einer Kultur zu verstehen, muss man die grundsätzlichen sozialen Annahmen und Werte betrachten. Der niederländische Sozialforscher Geert HOFSTEDE hat das Maß von Männlichkeit/Weiblichkeit in Gesellschaften untersucht, um zu sehen, wie Belohnung und Bedürfniserfüllung die Motivation beeinflussen können.

Er definierte Männlichkeit als den Grad, bis zu dem harte Werte wie Behauptung, Leistung, Erfolg und Wettbewerb über weibliche Werte wie Lebensqualität, persönliche Beziehungen, Dienstleistung, Sorge um die Schwachen und Solidarität vorherrschen. Er fand heraus, dass in einer ›männlichen Kultur‹ Motivation durch Geld, Titel oder andere materialistische oder statusorientierte Belohnungen erreicht wird. In einer ›weiblichen Gesellschaft‹ seien Auszeiten, bessere Sozialleistungen oder symbolische Belohnungen bedeutende Ziele. Mit diesen Begriffen im Hinterkopf sollen amerikanische und deutsche Grundwerte noch einmal betrachtet werden.

3.9.1 Grundvoraussetzungen in der amerikanischen Gesellschaft

Die Gesellschaft in den USA ist eine männliche mit einer aktiven, optimistischen Einstellung zum Leben. Amerikaner sehen sich selbst als ehrgeizig, hart arbeitend, innovativ und energisch. Tief eingebettet in ihre Psyche ist die Vorstellung ›pulling yourself up by your own bootstraps‹ (etwa: ›sich aus eigener Kraft hochzuarbeiten‹). Erfolg hängt nur davon ab, wie sehr man ihn will. Es gilt »the sky's the limit« (»allein der Himmel ist die Grenze«). Harte Arbeit, Ehrlichkeit und Beharrlichkeit führt zu Erfolg.

Wie bereits gesagt, sind Amerikaner ziemlich besessen von individueller Freiheit, die sie zu Einzelkämpfern (›self-starter‹) macht. Teamgeist existiert, aber nur soweit nötig. Fatalismus ist selten, weil man annimmt, dass jeder sein Schicksal selbst in der Hand hat. Wettbewerb ist ein Grundwert unter Amerikanern, der automatisch Verbesserung und Wachstum mit sich bringt.

Auf der Negativseite führt der harte Wettbewerb zu Auswüchsen, der sich in Überzeugungen ausdrückt wie »Gewinnen ist alles«, »an der Kehle packen«, »er ist ein Verlierer« oder »wir machen keine Gefangenen (… Kompromisse)«. Da sich Amerikaner als Individuen sehen, sind sie eher ihren eigenen Karriereplänen gegenüber loyal als den Zielen des Unternehmens, für das sie arbeiten.

3.9.2 Grundvoraussetzungen in der deutschen Gesellschaft

Die Deutschen bilden eine männliche Gesellschaft mit weiblichen Untertönen. Wie die Amerikaner sind sie konkurrierend und ehrgeizig. Aber gleichzeitig wollen sie gemeinsam und nach einem Plan arbeiten. Regierung, Industrie und Gewerkschaften wirken zusammen, um eine Politik des ›beiderseitigen Nutzens‹ zu etablieren. Diese Interessengemeinschaft erklärt, warum das deutsche Wirtschaftssystem als ›soziale Marktwirtschaft‹ bezeichnet wird.

Der Wunsch, Unsicherheit zu vermeiden, zwingt die Angestellten, Kollegialität zu bewahren und nonkonformistisches Verhalten abzulehnen. Das Endresultat ist ein allgemeiner Konsens und ein Gefühl von Allgemeinwohl. Gehalt ist wichtig, aber Lebensqualität und Arbeitsbeziehungen zählen eine Menge. Deutsche sind loyaler ihrem Unternehmen gegenüber als Amerikaner. Im Gegenzug erhalten sie häufig auch mehr Urlaub, als ihnen nach dem Gesetz zusteht (24 Werktage sind der Mindesturlaub – § 3 Bundesurlaubsgesetz).

Diese unterschiedlichen Werte in Deutschland und Amerika bezüglich der Motivation zeigen sich in der Vergütung der Angestellten. Zum Beispiel war es zu Beginn der Fusion das größte Problem von DaimlerChrysler, die Lohnstrukturen anzupassen. Nach einer Chrysler-Studie verdient der durchschnittliche deutsche Beschäftigte 11,40 US-Dollar mehr pro Stunde als sein amerikanischer Kollege oder 20.000 Dollar mehr jährlich. Sind von insgesamt 225.000 Angestellten 200.000 Büro- und Fabrikarbeiter, summiert sich das zu vier Milliarden Dollar mehr pro Jahr. Die höheren Nebenkosten – ein ›weibliches‹ Merkmal – können aber als langfristige Strategie angesehen werden; sie hilft, einen hohen Grad an Moral aufrechtzuerhalten (es gibt selten Streiks), schafft Loyalität, ein Gefühl der Pflicht und Gehorsam bei den Angestellten und eine hohe Qualität der Arbeit.

Die amerikanische Kultur neigt zu dem Standpunkt, dass es eine ›sozialistische‹ Idee sei, Geld mit den Beschäftigten zu teilen (oder manche mögen sogar sagen eine ›kommunistische‹). Diese Neigung, das Geld für sich zu behalten, hat bereits TOCQUEVILLE beobachtet: »Ich kenne kein anderes Land, in dem Geldgier solch eine Herrschaft über die Herzen der Menschen ausübt oder in dem eine stärkere Verachtung für das Ideal dauerhafter Ausgeglichenheit der Eigentumsverhältnisse gezeigt wird.« Der ungehemmte amerikanische Kapitalismus führt, was die Gehälter der Manager betrifft, zur ›winner take all‹-Haltung (›der Sieger nimmt alles‹). Trotz der Tatsache, dass beide Unternehmen annähernd dieselben Verkaufsumsätze hatten, verdiente der ehemalige Chrysler-Vorstand Robert EATON vor der Fusion achtmal mehr als Jürgen SCHREMPP von Daimler.

3.10 Zusammenfassung der kulturellen Unterschiede in der Geschäftswelt

Vergleiche die Anmerkung zur Zusammenfassung von Kapitel 2 auf Seite 54.

Deutsche Angestellte tendieren dazu, ...	Amerikanische Angestellte tendieren dazu, ...
– aufgabenorientiert zu sein	– ergebnisorientiert zu sein
– auf Probleme zu reagieren	– Initiative zu ergreifen (proaktiv zu sein)
– auf lange Sicht zu denken	– kurzfristige Ziele anzusteuern
– für Einflussnahme der Regierung zu sein	– gegen Einflussnahme der Regierung zu sein
– loyal gegenüber dem Unternehmen zu sein	– loyal gegenüber sich selbst zu sein
– sich mit einer definierten Position zufriedenzugeben	– immer nach einer besseren Position zu suchen
– eher reserviert gegenüber der Wirtschaft zu sein	– für die Wirtschaft zu sein
– langfristige Geschäftsbeziehungen anzustreben	– auf einen kurzfristigen Gewinn bedacht zu sein
– diskriminierend gegenüber weiblichen Angestellten zu sein	– sich der Rechte von weiblichen Angestellten eher bewusst zu sein
– gut ausgebildet zu sein	– nicht immer gut ausgebildet zu sein
– Lebensqualität zu schätzen	– materialistisch und statusorientiert zu sein
– kollektive Autorität zu akzeptieren	– misstrauisch gegenüber kollektiver Autorität zu sein
– eher Verantwortung zu teilen	– Verantwortung allein zu tragen
– konsensorientiert zu sein	– wetteifernd und individualistisch zu sein
– von ›männlichen‹ Werten mit weiblichen Untertönen geprägt zu sein	– von ›männlichen‹ Werten geprägt zu sein

Kapitel 4
Geschäftstreffen

Fallbeispiel: Ein genau geplantes deutsches Treffen

Bob Young war gerade aus Boston in Frankfurt angekommen. Eine Limousine mit Chauffeur wartete, um ihn zu der Firma Hühn & Wein fahren. Bob war das erste Mal in Deutschland und freute sich darauf, seine neuen Partner zu treffen. Bei seiner Ankunft fand er eine wartende Gruppe deutscher und holländischer Angestellter vor. Eine junge Frau trat ein und stellte sich als Vorsitzende vor. Zu Bobs Überraschung bat sie die Gruppe nicht darum, sich nun ihrerseits vorzustellen, sondern trat zum Flip-Chart.

Sie fuhr fort, indem sie den Zeitplan vorlas. »Das Treffen beginnt um 9 Uhr. 10.15 Uhr werden wir unsere erste Kaffeepause haben, die 15 Minuten dauern wird. Um 12 werden wir zum Mittagessen gehen. Um 12.50 Uhr ist ein Spaziergang im Park geplant, der ungefähr eine Stunde dauern wird. Um 14 Uhr geht das Treffen weiter. 15.15 Uhr eine weitere fünfzehnminütige Kaffeepause. Das Treffen endet um 16.30 Uhr.« Erst nach dieser präzisen, militärisch anmutenden Einführung bat sie die Teilnehmer, sich vorzustellen. Bob zog den Schluss, dass für die Deutschen die Zeitplanung höchste Wichtigkeit habe.

In vielerlei Hinsicht ist das Verhalten von Deutschen und Amerikanern während eines Geschäftstreffens ähnlich – man kommuniziert direkt und nach Art des ›low context‹ (kontextungebundene Kommunikation). Aber es gibt wiederum einige gravierende Unterschiede in der Art und Weise, in der die beiden Gruppen operieren.

4.1 Amerikanische Geschäftstreffen

4.1.1 Eifer, Ergebnisse zu erzielen

Das Charakteristikum, das Amerikaner von Angehörigen anderer Nationalitäten unterscheidet, ist ihre Besessenheit, Ergebnisse zu erzielen, bzw. in kürzestmöglicher Zeit Gewinne zu machen. »Time is money« (»Zeit ist Geld«), »let's wheel and deal« (an der Börse: ständig kaufen und verkaufen), »we don't care what you do or how you do it as long as it gets done« (es interessiert uns nicht, wie du es machst, solange du es machst«), »time management« (Zeitplanung) und »What's the bottom line?« (»Gibt es Gewinn oder Verlust?«) sind beliebte Redewendungen.

Da sie ständig in Eile sind, nutzen sie jede Minute ihres Arbeitslebens voll aus. Das hat zu den ›power breakfast meetings‹ geführt. Für den Uneingeweihten: Der Zweck eines Arbeitsfrühstücks ist nicht, die erste Mahlzeit des Tages gemeinsam zu sich zu nehmen, sondern innerhalb eines Zeitraums von 45 Minuten zu einem Geschäftsabschluss zu gelangen. Amerikaner wollen so schnell wie möglich zum Geschäft kommen. Sie neigen selten dazu, den anderen kennenlernen zu wollen. Eine typische Haltung ist: »Warum die Zeit mit Geschwätz über anderer Leute Leben verschwenden, wenn wir Abschlüsse erreichen können?« Generell wollen die Amerikaner nicht in komplexen Begriffen denken oder hypothetische Situationen diskutieren, da das nur Zeit kostet.

Diese Ansicht zeigt sich in Geschäftstreffen mit einem straffen Zeitrahmen, die dazu bestimmt sind, schnelle Einigungen zu erzielen.

4.1.2 Induktives Denken

Amerikanische Denkprozesse sind von Natur aus induktiv, d. h. sie leiten aus einzelnen Fällen allgemeine Regeln her. Dieses Denkmuster ist als ›prozedurales Denken‹ charakterisiert worden, bei dem man sich auf eine Abfolge einzelner Punkte konzentriert und diese löst, bevor man auf das größere Gesamtbild schaut.

Von Natur aus unruhig, mögen es Amerikaner zu betonen, dass ein ›Fortschritt‹ erzielt worden ist, selbst wenn man sich erst auf einige wenige Punkte geeinigt hat. Das kann für Deutsche sehr verwirrend sein, die von Natur aus deduktiv denken. Diese glauben nicht, dass es sinnvoll ist, einzelne Punkte zu diskutieren, bevor nicht zunächst ein ›gegenseitiges Verständnis‹ des Gesamtbildes erzielt worden ist.

4.1.3 Zwanglosigkeit

Parallel zu der Eigenart, gleich zum Punkt zu kommen, bevorzugen Amerikaner in der Regel eine zwanglose Atmosphäre (informality), weil sie die Sache beschleunigt und die Teilnehmer sich wohl fühlen lässt. Eine reservierte Haltung könnte möglicherweise als zurückhaltend oder anmaßend ausgelegt werden. Das erklärt teilweise, warum Amerikaner gut darin sind, schnelle und flüchtige Kontakte zu knüpfen. Typischerweise wird man hören: »Lass uns nicht Zeit mit Förmlichkeiten verschwenden, mein Name ist Bob. Wie heißt du?«

Eng verknüpft mit dem Verzicht auf Förmlichkeiten ist das amerikanische Bedürfnis nach ›Gleichmacherei‹. Historisch hat man relativ wenig Bedeutung auf Rang oder Titel gelegt. Nichts wird einen Amerikaner ärgerlicher machen als eine willkürliche gesellschaftliche Einordnung in Klassen. Amerikanische Manager würden in den Streik treten, um Kameradschaft mit ihren Unterstellten zu demonstrieren. Genauso wird der Manager möglicherweise die Füße auf seinen Schreibtisch legen und jeden einladen, ihn mit seinem Vornamen anzureden, um als ›nur einer aus der Gruppe‹ zu erscheinen. Trotzdem weiß jeder genau, wer das Sagen hat.

4.1.4 Improvisiertes Denken

In der amerikanischen Kultur wird Kreativität sehr hoch angesehen. Diese Wertschätzung geht mit dem Glauben Hand in Hand, dass innovative Verbesserungen die Effizienz ankurbeln, was wiederum den Wohlstand allgemein hebt.

Amerikanische Treffen sind – wie die deutschen – streng geregelt. Aber wenn die Lösung eines Problems schnell gefunden werden muss, werden die Teilnehmer in einer unorganisierten und impulsiven Art und Weise mit einer Idee nach der anderen kommen, während sie von den anderen erwarten, mit sofortigem Feedback zu reagieren. Diese Vorgehensweise ist als ›brainstorming‹ bekannt. Manager erwarten von ihren Unterstellten Ideen, und Unterstellte können ihnen (im Rahmen der Vernunft) frei widersprechen. Amerikaner sind außerordentlich gut darin, weil sie darauf trainiert worden sind, Hierarchien und den Status quo in Frage zu stellen.

Der einzige Nachteil des ›brainstorming‹ ist, dass sich möglicherweise das, was anfänglich als brillante Idee erscheint, später als fataler Fehler herausstellt und gänzlich über den Haufen geworfen werden muss.

4.1.5 Gewinnen ist alles

Die Welt des Sports übt einen großen Einfluss auf die amerikanische Haltung im Hinblick auf Verhandlungen aus. Bei genauerer Betrachtung amerikanischer Sportereignisse findet man heraus, dass ein Unentschieden der amerikanischen Geisteshaltung widerstrebt.

Amerikanische Geschäftsleute streben unbewusst nach dem, was der legendäre Football-Trainer Vince LOMBARDI seinem Team zu sagen pflegte: »Gewinnen ist nicht alles, es ist das einzige.«

Man kann viel über die Prioritäten einer Nation sagen, wenn man die Metaphern betrachtet, die sie am meisten gebraucht. In den USA sind es die Baseballmetaphern und -redewendungen, die sich im Geschäftsvokabular wiederfinden. Im Verlauf von Verhandlungen mögen es amerikanische Geschäftsleute ›to play hardball‹ (knallhart zu verhandeln), ›to be on a winning streak‹ (auf der Gewinnerseite zu sein); eine Schätzung ist eine ›ball park figure‹, sie spielen ›winner takes all‹ (›der Gewinner nimmt alles‹ – ohne Rücksicht auf den anderen) und – ein militärischer Ausdruck – ›take no prisoner‹ (›machen keine Gefangenen‹, d. h. keine Kompromisse). Amerikaner haben im Gegensatz zu Deutschen oftmals Probleme damit, bei Geschäftsabschlüssen Kompromisse einzugehen. Wenn ein Kompromiss geschlossen werden muss, basiert er in der

Regel auf dem Satz: »Ein Kompromiss ist o. k., sofern der andere einen größeren Kompromiss machen muss als du.«

In den letzten Jahren ist eine neue Philosophie in Mode gekommen, nämlich die ›win-win‹-Strategie: In einer Verhandlung sollen beide Parteien als Sieger daraus hervorgehen, nicht nur einer. Gerissene Geschäftsleute wissen, dass das auf lange Sicht die beste Politik ist.

4.1.6 **Das Poker-Face**

Fremde können leicht vom amerikanischen Verhandlungsstil verwirrt werden, der als ›offen und aufrichtig‹ charakterisiert wird. Hinter der Fassade steht jedoch der eiserne Wille, zu gewinnen. Man behauptet, dass die erfolgreichsten Verhandlungsführer exzellente Pokerspieler seien. Viele Begriffe aus dem Pokerspiel sind gebräuchlich. »Ein Poker-Face aufsetzen«, »lass sie dich niemals schwitzen sehen« sind Hinweise darauf, wie amerikanische Verhandlungsführer arbeiten. Es ist ihnen immer wichtig, eine coole, ausgeglichene Haltung zu wahren.

Gibt es einen plötzlichen Zornesausbruch auf Seiten der Amerikaner, so ist es wahrscheinlich nur Schauspielerei, um einen psychologischen Vorteil zu erlangen. Da die amerikanische Geschäftskultur stark von puritanischen Werten beeinflusst ist, wird ein amerikanischer Verhandlungsführer dennoch selten auf Falschaussagen zurückgreifen. Das heißt natürlich nicht, dass er Daten nicht selektiv gebrauchen wird, um einen Punkt zu unterstützen.

Um ihre Gegner aus dem Gleichgewicht zu bringen, beginnen einige amerikanische Verhandlungsführer mit übertriebenen Forderungen, um dann »substantielle Interessen« aufzugeben, die ihnen jedoch in Wahrheit oft unwichtig sind. Das war eine bevorzugte Vorgehensweise von Präsident REAGAN, wenn er versuchte, eine Gesetzesvorlage im US-Kongress durchzubringen. Er machte viele (in Wirklichkeit unwichtige) Zugeständnisse und sagte, er sei dabei sehr entgegengekommen (»I have gone the extra mile«).

4.2 Deutsche Geschäftstreffen

4.2.1 Ausführliche Hintergrundinformationen sind wichtig

Bevor irgendeine Übereinkunft erzielt werden kann, wollen die Deutschen *sicher* sein, dass sie alle relevanten Fakten haben. Präsentationen können lange dauern (bis zu einer Stunde) und die deutsche Tendenz, dabei ausgesprochen analytisch und komplex vorzugehen, kann von einem Amerikaner als übertrieben aufgefasst werden. Deutsche dagegen sind darauf getrimmt und geduldige Zuhörer. Eine einleitende Rede wird eine Menge an Hintergrundinformationen enthalten und die historische Entwicklung darstellen, worauf viele Amerikaner verzichten würden.

Genau wie die Amerikaner erwarten Deutsche Anschauungsmaterial und eine Menge von Zahlen, um die gemachten Punkte zu unterstützen. Der Unterschied ist der, dass die Deutschen dazu tendieren, mehr Informationen zu geben, als die meisten Amerikaner zu brauchen glauben. Der ehemalige CEO von Chrysler, Robert EATON, fasste es nach seinem ersten Treffen mit Mitgliedern des Daimler-Vorstandes so zusammen: »Die Deutschen kommen zu allen Treffen bewaffnet mit Unmengen von Overheadfolien und farbigen Tabellen. Es ist ein Informations-Overkill«.

4.2.2 Deduktives Denken

Anders als Amerikaner denken Deutsche in einer deduktiven Weise, indem sie von einem bekannten, generellen Grundsatz ausgehend zu den spezifischen logischen Schlüssen argumentieren. Am Anfang wird eine grundsätzliche Aussage über die Natur eines Problems stehen, von der ausgehend eine systematische Analyse der Ziele, Bedingungen und Erfahrungen der Vergangenheit zu einer Überprüfung aller Optionen führen wird. Nach sorgfältiger Prüfung aller Möglichkeiten wird die beste ausgewählt. Die Deutschen streben nach einer kompletten und logisch durchdachten Begründung, so dass am Ende die Schlussfolgerung einfach unausweichlich ist. Nur dann wird eine Sache auch ausgeführt.

Dies erklärt die Tatsache, dass Deutsche oft den Hang haben, in langen Monologen zu sprechen. Um eine logisch durchdachte Idee zu entwickeln, braucht es Zeit. Es ist nicht ratsam, einen Deutschen zu unterbrechen, der versucht, eine zusammenhängende Begründung zu entwerfen. Wenn man seine Denkraster durchbricht, wirft man ihn aus dem Gleichgewicht, und das ruft oft Misstrauen und Ärger hervor.

4.2.3 **Förmlichkeiten**

Die Deutschen sehen sich selbst als höflich und erwarten von Besuchern, sich ebenso zu benehmen. Die amerikanische Eigenart, sich locker mit den Worten »just call me Joe« vorzustellen, ist für die Deutschen, die sehr viel Wert auf Privatsphäre legen, nicht akzeptabel. Das führt dazu, dass Deutsche sich unwohl fühlen, wenn Amerikaner ihrer Meinung nach übertrieben vertraulich auftreten.

Der Verhaltenskodex schreibt als erste Handlung eines Treffens vor, in der Runde die Hände zu schütteln. Da Deutsche Hierarchien respektieren, wird vom höchstrangigen Besucher erwartet, sich zuerst vorzustellen. Die anderen Mitglieder des Teams stellen sich dem Alter nach vor. Jede Person gibt eine kurze Beschreibung seines Verantwortungsbereiches. Dann stellen sich die Gastgeber ihrerseits vor.

Während der Pause bei einer Veranstaltung neigen Deutsche normalerweise nicht dazu, »to shoot the breeze« (sinnlos zu schwätzen). Das spiegelt die deutsche Auffassung wider, dass das Leben zu ernst ist, Zeit mit albernen Spielchen zu verschwenden. Wenn über Themen diskutiert wird – sogar über so triviale Dinge wie Sport oder Ferien – geschieht das in einem ernsthaften Ton.

4.2.4 Sachliche Verkaufsgespräche (›Understated Salesmanship‹)

Deutsche sind darauf ›geeicht‹ sicherzugehen, dass sie alles korrekt machen, und möchten nur sichere Informationen. Wilde, hollywoodartige Gesten und brutale Verkaufsgespräche sind nicht gefragt. Auch Witze und Humor werden als Störungen betrachtet, nicht als hilfreich.

Cartoon-artige Bilder auf Tabellen und Grafiken passen nach deutschem Verständnis nicht mit ernstem Geschäft zusammen. Ebenso entspricht es nicht deutscher Art, die Produkte eines Konkurrenten schlechtzumachen. Deutsche würdigen ein gutes Produkt oder eine gute Idee als solche(s), egal von wem es/sie stammt.

4.2.5 Langfristige Ziele

Deutsche sind nicht auf unmittelbare Ergebnisse versessen. Obwohl es Amerikaner wütend machen mag, ist ihre Strategie, auf lange Sicht zu denken, ohne sich allzusehr um sofortige Gewinne zu kümmern.

Ihre Haltung, Alternativen sorgfältig abzuwägen, mag sie zögerlich erscheinen lassen. Ein Beobachter beschrieb ihre Vorgehensweise als »systematisch pragmatisch«. Obwohl Deutsche gute Teilnehmer an ›brainstorming sessions‹ sein können, sind sie von Natur aus eher analytisch und sachlich.

4.3 **Zusammenfassung** (Vergleiche die Anmerkung auf S. 54)

Bei Geschäftstreffen tendieren Deutsche dazu, ...	Bei Geschäftstreffen tendieren Amerikaner dazu, ...
– förmlich zu sein	– zwanglos aufzutreten
– deduktiv zu denken	– induktiv zu denken
– systematisch vorzugehen	– improvisierte Denker zu sein
– Entscheidungen langsam, aber gründlich zu treffen	– unmittelbare Ergebnisse erzielen zu wollen
– auf ausführlicher Information zu bestehen	– mit einem Minimum an Informationen zufrieden zu sein

4.4 Problembewältigung in deutsch-amerikanischen Teams

Die deutsche Psychologin Sylvia SCHROLL-MACHL fertigte 1995 bei einem großen deutschen Elektrokonzern eine Studie darüber an, warum gemeinsame deutsch-amerikanische Projekte häufig scheitern. Indem sie als Moderatorin agierte, war es ihr möglich, die gegenseitigen Beeinflussungen von amerikanischen sowie deutschen Ingenieuren und Forschern zu beobachten und zu beurteilen. Es wurde frühzeitig deutlich, dass die Missverständnisse zwischen den beiden Nationalitäten in hohem Maße auf die Ignoranz der jeweils anderen Weise der Problembewältigung zurückzuführen waren, wie die nachfolgenden Feststellungen deutlich machen:

> »Deutsche sprechen während der Treffen über zu viele Details«, beklagten sich die Amerikaner. »Das ist nicht richtig«, entgegneten die Deutschen, »die Amerikaner konzentrieren sich nicht genügend, leisten keine wirklichen Beiträge. Sie dringen nicht zum Kern des Problems vor, was bedeutet, dass wir nachher ihre Fehler in Ordnung zu bringen haben.«

Die Amerikaner meinten, dass ihr deutscher Chef es während der Problembewältigungsphase versäumt habe, »richtige Ziele« zu setzen und die Gruppe im Dunkeln tappen lassen, ihnen niemals Lob oder ein kritisches Feedback gegeben habe.

Bei der Analyse dieser Unterschiede fand SCHROLL-MACHL heraus, dass zu Beginn eines Projekts die Deutschen ein größeres Bedürfnis nach detaillierten Informationen und Diskussion zeigten als die Amerikaner. Sie sahen den Prozess der Problembewältigung vom Standpunkt eines Ingenieurs aus, indem sie alle potenziellen Probleme berücksichtigten, die auftauchen können, um dann die eleganteste und logischste Lösung zu finden. Die Deutschen, die unbewusst ein Verlangen nach Sicherheit und Kontrolle haben, werden dann frei von Unsicherheit und folglich Angst, wenn sie ein Problem genau verstehen.

Während der anfänglichen Diskussionsphase erwarteten die Deutschen von allen Team-Mitgliedern, dass diese ihre Erfahrungen austauschten und ihr Wissen der Arbeitsgruppe mitteilten. Dies zielte auf einen Austausch einer großen Menge an Detailinformationen. Abwechselnd erlaubte dies der Gruppe, einen Konsens zu erzielen, der seinerseits eine weitaus schnellere Ausführung derjenigen Lösung zuließ, auf die sie sich geeinigt hatten. SCHROLL-MACHL bemerkte, dass die Entscheidungsfindungs- und Problembewältigungsprozesse der Deutschen genau betonten, wo das Problem lag, wie auch seine Herkunft und woraus genau es bestand. Weniger Wert wurde auf die endgültigen Lösungen gelegt.

Für die Amerikaner, die nicht so besorgt und deshalb handlungsorientierter sind, waren diese anfänglichen Diskussionen äußerst anstrengend (und mitunter auch langweilig). Sie empfanden den großen Austausch an Informationen als Zeitverschwendung, als eine Art ›Lähmung durch Analyse‹, weil – ganz gleich, wie gut ein Handlungsplan erdacht war – er ohnehin während der Ausführungsphase würde modifiziert werden müssen. Die Amerikaner redeten in diesem Stadium nicht häufig, weil sie ungeduldig wurden bei solchen in die Länge gezogenen Diskussionen. Dadurch, dass sie nichts sagten, hofften sie diesen Prozess zu beschleunigen und an die Arbeit zu kommen.

Nach ihrem Verständnis begann Problembewältigung mit einer kurzen Brainstorming-Sitzung, um das Ziel oder die Aufgabe zu bestimmen. Sie würden sich dann eine Reihe von ungefähren Meilensteinen ausdenken, um dieses Ziel zu erreichen. SCHROLL-MACHL fand heraus, dass amerikanische Entscheidungsfindungs- und Problembewältigungsprozesse offener waren, sich auf die Bestimmung eines gewünschten Ziels oder einer Vorstellung konzentrierten.

Die Deutschen in der Gruppe meinten, dass die Amerikaner mit ihrer Herangehensweise dazu tendierten, zu handeln, ohne wirklich das Problem zu verstehen, dies sei ›hirnloser Aktionismus‹ oder drücke ›Cowboy-Mentalität‹ aus: zuerst schießen und dann Fragen stellen. Die

Amerikaner indessen dachten, ihr Herangehen wäre effizienter und kreativer. In ihren Augen bedeutete das deutsche Beharren auf dem Plan, dass sie sich in ein starres Korsett zwängten, was letztlich nicht diejenige Flexibilität erlaubte, die während der Ausführungsphase gebraucht werde.

Die Deutschen dagegen meinten, die Amerikaner würden unentwegt sagen, dass sie »ihre Ansichten offen halten« wollten, es zu nehmen, wie es komme (»schau'n wir mal«), es als einen ›Prozess des Ausprobierens‹ (›trial and error process‹) verstünden.

Im Anschluss an die Entscheidungsfindungsphase waren die deutschen Team-Mitglieder in der Lage, loszulegen und relativ selbständig an ihrer Aufgabe zu arbeiten. Die Amerikaner hingegen erwarteten während der Ausführungsphase weitere Gruppentreffen und weiteren Informationsaustausch. Die Deutschen beklagten sich nachher, dass die Amerikaner ihnen überflüssige Fragen zu Problemen gestellt hätten, die – von ihrem Standpunkt aus – bereits diskutiert und entschieden worden waren.

Ein Grund für diesen Kommunikationsunterschied kann in der Tatsache zu sehen sein, dass Amerikanern oft Aufgaben übertragen werden, für welche sie nun wirklich nicht ausgebildet worden sind. Ein weiterer Grund wird sein, dass sie häufig ihre Stelle wechseln. Beides führt zu einer ›learn-by-doing‹-Haltung. Vor diesem Hintergrund unterreden sie sich automatisch mehr mit ihrem Manager und anderen Team-Mitgliedern. Deutsche scheinen wegen ihrer besseren praktischen und theoretischen Ausbildung fähig zu sein, selbstständiger als ihre amerikanischen Kollegen zu arbeiten. Zudem wird dies durch eine große Anzahl an technischen Bestimmungen, Standards und innerbetrieblichen Normen unterstützt, welche die Deutschen zu kennen und zu beherrschen haben.

Außerdem setzen Deutsche unbewusst voraus, dass Entscheidungen, die bei Gruppentreffen getroffen worden sind, verbindlich sind. Das ist ganz und gar nicht der Fall bei den Amerikanern, die vielmehr dazu tendieren, solche Entscheidungen als bloße Richtlinien aufzufassen. Allerdings kann sich dies ändern, wenn eine entsprechende Notwendigkeit entsteht oder wenn sich eine bessere Lösung bietet. Die Tatsache, dass Amerikaner davon ausgehen, dass solche Veränderungen vorkommen, erklärt, warum sie an einer detaillierten Analyse bei Treffen in einem frühen Stadium nicht so interessiert sind.

Schließlich haben Amerikaner, weil sie unbewusst gemocht und sozial akzeptiert werden wollen, wenn sie kommunizieren, die Tendenz, sich Kollegen mehr mitzuteilen. Deutsche, die von Natur aus glaubhaft und objektiv bleiben wollen, wenn sie kommunizieren, neigen dazu, ein unpersönlicheres, nur auf die Arbeit bezogenes Verhältnis mit ihren Kollegen beizubehalten. Dies erklärt weitgehend, warum Amerikaner sich darüber beklagen, dass Deutsche nicht besonders offen zu sein scheinen, wenn sie sich während der Ausführungsphase über ein Projekt unterhalten.

Die Nationalität des jeweiligen Leiters rief, wie SCHROLL-MACHL beobachtete, verschiedene Wirkungsweisen hervor. Wenn der Leiter ein Deutscher war, war die Gruppe mehr wie eine Koalition mit dem Leiter, der als ein Vermittler zwischen den verschiedenen Ansichten agierte, die von den verschiedenen Gruppenmitgliedern geäußert worden sind. Die Aufgabe des Leiters war es, der *Fachmann* zu sein, mit einem detaillierten Überblick über das Problem. Gleichzeitig handelte der Leiter als Moderator, der die Gruppe zusammenhält und einen Konsens führt. Vom deutschen Leiter wurde erwartet, dass er überzeugt und nicht einfach Weisungen erteilt. Er neigte dazu, alles mit der Gruppe abzustimmen, nicht allein zu entscheiden. Während der Ausführungsphase hatte der deutsche Leiter wenig Austausch (Interaktionen) mit einzelnen Gruppenmitgliedern, was ihn (in den Augen der Amerikaner) als distanziert und schwer zugänglich erscheinen ließ.

Der amerikanische Leiter hatte andererseits eine weitaus strukturiertere Aufgabe. Von ihm erwartete man, dass er die nächstliegenden und endgültigen Ziele bestimmte, die Aufgaben verteilte und nachher kontrollierte, ob sie erledigt wurden, Entscheidungen traf, durch intensive

Kommunikation motivierte und kritisches wie auch positives Feedback gab. Seine Ausstrahlung wirkte mehr von oben nach unten. Während der Ausführungsphase war der amerikanische Leiter zugänglich und kommunizierte unentwegt mit allen Mitgliedern der Gruppe.

Die Studie von SCHROLL-MACHL macht deutlich, dass, wenn diese Unterschiede vor Beginn eines gemeinsamen amerikanisch-deutschen Projektes erklärt werden, die Aussichten auf einen Erfolg sich enorm erhöhen. Wenn jedoch kulturellem Bewusstsein nicht Vorrang eingeräumt wird und die verschiedenen Kommunikationsweisen nicht verstanden werden, werden solche gemeinsamen Projekte häufig scheitern oder Gewinneinbußen und Kränkungen verursachen.

4.5 Zusammenfassung

Deutsche ...	Amerikaner ...
– sehen Problembewältigung aus einem fachlichen Blickwinkel, sie bedenken alle Aspekte, indem sie Zeit auf das Problem und seine Herkunft aufwenden, weniger jedoch auf die endgültige Lösung	– sehen Problembewältigung als offen an, sie halten ein Brainstorming dazu ab, wie man das gewünschte gewünschte Ziel erreichen oder die Vorstellung verwirklichen kann
– halten Entscheidungen und Pläne für verbindlich	– sehen Entscheidungen und Pläne lediglich als unverbindliche Richtlinien an
– finden, dass Amerikaner eine ›Cowboy-Mentalität‹ haben: zuerst schießen sie, die Fragen stellen sie jedoch später	– finden die langen Diskussionen der Deutschen ›langweilig‹ (›Lähmung durch Analyse‹)
– erwarten von allen Team-Mitgliedern aktive Teilnahme an Diskussionen, können später selbständiger arbeiten und brauchen weniger Unterredungen mit Kollegen	– sagen in anfänglichen Diskussionen wenig, hoffend, den Prozess dadurch zu beschleunigen und an die Arbeit zu kommen, aber erwarten später mehr Kommunikation
– denken, dass Amerikaner während der Ausführungsphase unnötige Fragen stellen	– empfinden die Deutschen als (zu) sachlich und während der Ausführungsphase als starr
– betrachten den Gruppenleiter als Moderator, von dem man erwartet, dass er verschiedene Ansichten durch Überzeugungskraft auf einen gemeinsamen Nenner bringt	– sehen den Gruppenleiter als Entscheidungsträger, von dem man erwartet, dass er die Ziele ›von oben nach unten diktiert‹ (›top-down manner‹)

Kapitel 5
Sprache und Kommunikation

Vom Mythos, dass Amerika beinahe ein deutschsprachiges Land wurde

Deutschen Schulkindern wird häufig, wenn sie beginnen, Englisch zu lernen, erzählt, dass Deutsch im Jahre 1794 beinahe die Amtssprache der USA geworden wäre. Bei der Abstimmung darüber, ob Deutsch oder Englisch offizielle Landessprache werden solle, sei die Entscheidung mit nur einer Stimme Mehrheit zugunsten des Englischen ausgefallen, und diese Stimme sei zudem von einem Deutschen abgegeben worden. Nach der Library of Congress ist dies nichts anderes als ein dummer Mythos, der sich hartnäckig hält.

Die Kongress-Bibliothek erhielt erstmals während der späten dreißiger Jahre Anfragen zu diesem Thema, als Nazi-Propagandisten sich bemühten, die Welt davon zu überzeugen, dass Amerika beinahe ein deutschsprachiges Land geworden wäre. Dieses Märchen gewann mit den Jahren derart an Boden, dass der Congressional Research Service sich 1982 der Sache annahm.

Das passierte wirklich: Im Jahre 1794 reichten einige deutsche Siedler aus Virginia eine Petition beim US-Kongress ein, mit der sie darum ersuchten, föderale Bestimmungen ins Deutsche zu übersetzen oder in beiden Sprachen zu drucken. Diese Petition wurde einem Komitee übertragen, das die Idee – mit nur einer Stimme Mehrheit – ablehnte.

Es gibt deutliche Unterschiede zwischen dem deutschen und dem amerikanischen Kommunikationsstil, welche häufig bedeutsame Missverständnisse hervorrufen. Wie dieses Kapitel zeigt, legen Deutsche Wert auf Inhalt und spielen Emotionen herunter, um *glaubwürdig* und *objektiv* zu erscheinen. Amerikaner dagegen betonen beides, um *gemocht zu werden.*

5.1 Kommunikation in Deutschland

In den achtziger Jahren des 19. Jahrhunderts schrieb Mark TWAIN einen humorvollen Essay mit dem Titel *The Awful German Language.* Darin beschwerte er sich, dass der durchschnittliche Satz in einer deutschen Zeitung ein Monstrum mit vierzehn oder fünfzehn Subjekten und der gleichen Anzahl von Nebensätzen sei. Aber die schlimmste Sünde, welche die Deutschen begingen, sei, das Hauptverb an das Ende eines Satzes zu stellen. TWAIN fasste zusammen, dass es für einen Ausländer nahezu unmöglich sei, die deutsche Sprache zu lernen. Obwohl Mark TWAINS Meinung über die deutsche Sprache eine krasse Übertreibung war, hat das, was er schrieb, einen gewissen Wahrheitsgehalt. Sprache ist eine direkte Reflexion einer Kultur, und hier können wir das deutsche Bedürfnis nach Genauigkeit sehen.

Zu rasch auf den Punkt zu kommen wird als einfältig und nicht einer ernsthaften Überlegung für wert gehalten. Traditionell glauben die Deutschen, dass eine Idee umso größeren Wert habe, je komplizierter und schwieriger sie zu verstehen ist. Die Ansicht, kompliziert reden zu müssen, ändert sich jedoch. Nicht vor allzu langer Zeit traf der Verfasser einen deutschen Forscher, der einen Redebeitrag für eine internationale Konferenz ins Englische übersetzen musste. Der Beitrag war in einem gestelzten, abstrakten Stil geschrieben. Der Verfasser bat ihn, in *einfachem* Englisch zu erklären, was jeder Satz bedeute. Der Forscher protestierte, indem er vorgab, sein Englisch reiche nicht aus, aber er willigte ein, es zu versuchen. Der Beitrag wurde dann von ihm mit Hilfe des Verfassers übersetzt in ›zu einfaches Englisch‹, wie ersterer es ausdrückte. Zwei Wochen später hielt er seine Rede, und zu seinem Erstaunen kamen danach Konferenzteilnehmer zu ihm und gratulierten ihm zu seinem direkten und klaren Stil. Als er später dieselbe Rede auf Deutsch halten musste, nahm er die englische Version und übersetzte sie Wort für Wort zurück ins Deutsche. Er war zu kurzen und klaren Sätzen ›bekehrt‹ worden.

Es sollte noch bemerkt werden, dass große deutsche Unternehmen verlangen, dass mehr und mehr Treffen und Konversationen auf Englisch stattfinden, um dadurch einen flüssigeren Ausdrucksstil in dieser internationalen Sprache zu erlangen. Die deutsche Sprache wird auch zunehmend mit englischen Wörtern angereichert, was Spötter dazu veranlasst hat, es ›Denglisch‹ zu nennen, eine Kurzform von Deutsch-Englisch.

5.1.1 Deutsche schätzen detaillierte Erklärungen

Es ist deutscher Stil, jeden Teil einer Erklärung mit Details anzureichern, um Unsicherheit und Zweideutigkeit zu vermeiden. Aus Angst, dass nicht alles gesagt worden sei, neigen Deutsche dazu, mehr Informationen zu geben als nötig. Ein einfaches Beispiel dafür ist die Tatsache, dass deutsche Zeitschriftenartikel in der Regel zwei- oder dreimal so lang sind wie amerikanische. Dieses Bedürfnis nach detaillierten Hintergrundinformationen dient ebenfalls dazu, Unsicherheit zu minimieren.

Diese Vorgehensweise weitet sich auf Präsentationen aus. Der deutsche Vortragsstil ist ernst, direkt und analytisch. An der Redewendung »zum Beispiel« wird nicht gespart. Viele Reden beginnen mit dem historischen Hintergrund eines Themas. Tabellen und Grafiken werden intensiv genutzt, und Deutsche lieben es, eine Tatsache nach der anderen zu präsentieren.

Die langen Erklärungen können Nicht-Deutsche ungeduldig machen und ihnen das Gefühl geben, als ob sie mit Herablassung behandelt würden.

5.1.2 Deutsche sind herausfordernd und direkt

Das Hauptziel einer deutschen Konversation ist, den Kern eines Problems zu finden. Deutsche schätzen Offenheit und haben keine Angst davor, alle Aspekte eines Themas zu ergründen, selbst wenn das heißt, dass dies einem anderen unangenehm und verletzend sein kann. Sie sind im Allgemeinen direkter als Amerikaner, insbesondere dann, wenn es gilt, Tatsachen darzulegen, Kritik zu üben oder Weisungen zu erteilen. Ein Amerikaner, der einen solchen Stil des Debattierens nicht gewohnt ist, mag sich schnell angegriffen fühlen.

Das Bedürfnis, direkt zu sein, findet in der häufigen Verwendung der Modalverben ›müssen‹ und ›sollen‹ seinen Ausdruck. Der in Deutschland oft gehörte Satz »Das muss so sein« klingt für Deutsche völlig normal. Amerikaner bevorzugen dagegen eine weichere und dadurch diplomatischere Satzstruktur (»Es wäre besser, wenn wir dies so machen würden«). Auch der Imperativ im Deutschen drückt diese Direktheit aus, zum Beispiel im Restaurant: »Herr Ober, bringen Sie uns bitte zwei Bier!«. Amerikaner empfinden diese Form als zu hart und würden eher eine Frage stellen: »Herr Ober, könnten Sie uns bitte zwei Bier bringen?«.

Die deutsche Sprache hat einen harten, gutturalen Klang mit scharfen und doch monotonen Redemustern. Sie klingt, als ob sie Dinge erledigt. Einem Nicht-Deutschen mögen diese Eigenschaften grob und sogar herrisch erscheinen.

5.1.3 Hörgewohnheiten der Deutschen

Eine aktuelle amerikanische Studie fand heraus, dass nationale Hörgewohnheiten entscheidend dafür sind, ob eine Produktpräsentation ein Erfolg oder ein Flop wird. Sie ergab, dass die Deutschen im Allgemeinen exzellente Zuhörer sind, mit einer Aufmerksamkeitsspanne von bis zu einer Stunde. Sie würden auch gedruckte technische Informationen über jedes Produkt haben wollen, bevor sie es kaufen würden. Deutsche würden sich von einer fünfzehnminütigen Präsentation nicht beeindrucken lassen und seien von überdrehter Darstellung (›hype‹) und Übertreibung angewidert. Und manchmal reagierten sie gereizt, wenn Humor ins Spiel gebracht würde. Amerikanern genügt eine fünfzehnminütige Präsentation durchaus, um sie von der Qualität eines Produktes zu überzeugen. Obwohl auch sie alle technischen Daten haben wollen, möchten sie zur selben Zeit unterhalten werden, ansonsten verlieren sie das Interesse. Es ist nötig, Anekdoten, Humor und Übertreibungen bei einem Verkaufsgespräch einfließen zu lassen, um Amerikaner von einem Produkt zu überzeugen.

Es ist immer ein Schock für Deutsche und Amerikaner, wenn sie bemerken, dass ihre gewohnte Art, ein Produkt zu präsentieren, für die jeweils andere Kultur völlig falsch ist.

5.1.4 Inhalt ist Deutschen wichtiger als Stil

Deutsche glauben, dass Inhalt wichtiger ist als Stil. Kommuniziert wird normalerweise in einer direkten, fast taktlosen Art und Weise, wobei wenig übrigbleibt, was zwischen den Zeilen zu lesen ist. Die Sprache muss klar und korrekt sein. (Der deutsche Wunsch nach Korrektheit und nach Vermeidung von Unklarheit weitet sich auf die Sprache aus; anders als englische oder französische werden deutsche Wörter häufig genauso ausgesprochen wie sie geschrieben werden.)

Ihre Eigenart veranlasst Deutsche, alles wörtlich zu nehmen. Wenn ein Angestellter kritisiert werden muss, beginnt ein deutscher Manager in der Regel nicht damit, die Person für ihre positiven Seiten zu loben, bevor er die negativen Seiten anspricht. Deutsche kommen nicht klar damit, wenn etwas Positives gesagt wird, nur um gleich hinterher Kritik anzubringen. Die positive Seite dieser direkten und offenen Art ist, dass Deutsche ehrlicher handeln. Sie werden niemals irgendetwas nur deshalb sagen, weil sie glauben, dass es das ist, was man hören will.

5.1.5 Mimik und Körpersprache

Die Mimik der Deutschen drückt Fremden gegenüber Reserviertheit und Stolz aus. Es ist nicht üblich, zu lächeln. Wenn man in Deutschland durch eine Straße geht, kann man beobachten, wie viele Deutsche Ernsthaftigkeit, steife Höflichkeit und einen offensichtlichen Mangel an Interesse an ihrer Umgebung ausstrahlen. Das heißt nicht, dass sie unsozial sind. Nur ist Lächeln für Kollegen und Freunde reserviert.

Die Körpersprache eines Deutschen ist ›low context‹ (kontextungebunden), ohne viel Bewegung und subtil. Im Geschäft wird denjenigen Respekt gezollt, die Vertrauen, Kontrolle und Beherrschung ihres Spezialgebietes ausstrahlen. Ein fester Händedruck ist ein Zeichen der Stärke. Zu viel Gestikulieren oder Lachen wird als unpassend angesehen.

5.2 Amerikanischer Kommunikationsstil

Die amerikanische Kommunikation ist – wie die deutsche – kontextungebunden (›low-context‹). Das bedeutet, dass gesagt wird, was gemeint ist. Amerikaner sind sehr stolz auf ihre Deutlichkeit, wenn sie zum Beispiel sagen: »Nein« heißt »Nein«, ohne Raum für Interpretation. Sie können irritiert werden, wenn andere zu diplomatischer Sprache greifen wie bei »This might be difficult« (»Das könnte schwierig sein«). Sie wollen direkt zum Punkt kommen und die Intentionen der anderen wissen. Gleichzeitig wollen sie gemocht und sozial akzeptiert werden. Das erklärt, warum sie direkter sind als Deutsche, wenn es gilt, Freude auszudrücken, Komplimente zu machen oder Leuten, die sie nicht gut kennen, persönliche Details zu offenbaren.

5.2.1 Einfachheit der Kommunikation

Während im deutschen Denken komplizierte Sätze vorherrschen, wird amerikanischen Schülern gelehrt, dass gutes Schreiben Einfachheit bedeutet. Amerikaner sind zeitbewusst (»Time is money«), und ihre Rede- und Schreibmuster sind in der Regel kurz und präzise. Kommunikation basiert auf pragmatischem Denken, wie Zeitungsschlagzeilen – klar und knapp. Eine Denkfolge wird unter dem Aspekt der Effizienz wahrgenommen: der kürzeste Abstand zwischen zwei Punkten ist eine gerade Linie.

Es wird nicht viel Zeit damit verschwendet, komplizierte, philosophische Gedanken zu entwickeln, da das für ineffizient gehalten wird. Amerikaner wollen nur essentielle Informationen. Das Computer-Akronym WYSIWYG (what you see is what you get) spiegelt eine geradlinige Denkweise wider.

Obwohl viele sagen, ein pragmatischer Kommunikationsstil führe zu Oberflächlichkeit, hat er durchaus seine positiven Seiten. Amerikaner sind sehr gut im blitzschnellen, improvisierten Sprechen. Bei Besprechungen sind sie in der Lage, wild mit (oft unsinnigen) Ideen um sich zu werfen. Dieses allgemein als ›Brainstorming‹ bekannte Verhalten ist für die meisten Amerikaner selbstverständlich, Teil ihres selbständigen Denkens (»thinking on one's feet«). Deutsche haben immer noch Schwierigkeiten, Ideen spontan ›auszuspucken‹.

Dagegen sind viele Amerikaner in ihrer Konversation wenig subtil. Gedanken werden selten vertieft. Das ist der Grund dafür, dass sie sich bei raffinierten, indirekten Statements unwohl fühlen und oft nonverbale Anspielungen, etwa einen leichten Wechsel im Klang der Stimme oder eine geringe Änderung der Körperhaltung oder Atmung verpassen. Dies kann zu Überraschungen führen. Wenn der Gesprächspartner etwa versucht, aus Höflichkeit indirekt zu vermitteln, dass etwas nicht stimmt (z. B. der Partner zu viel redet), und er von ihnen nicht verstanden wird, kann zum Erstaunen der Amerikaner plötzlich eine Krise ausbrechen. Andeutungen verstehen viele Amerikaner nicht.

5.2.2 Amerikaner schätzen Übertreibung und Humor

Amerikaner lieben es, zu übertreiben und Dinge überspitzt darzustellen. Das steht im Zusammenhang mit ihrem unbegrenzten Optimismus und ständigen Bedürfnis, sich zu verkaufen. Zum Beispiel kann ihr Enthusiasmus den Grad der Absurdität erreichen (»It's *fantastic* to see you again. *Wow*, you look *great*!«). Das lässt sich in allen Arten von Werbung finden. So behauptete die Apple Company, als sie ihre Macintosh-Computer anpries, dass diese die schnellsten seien. Zugleich machte sie sich auch über die Pentium-Computer der Konkurrenz lustig. Deutsche sind überrascht von diesem ›Runtermachen‹; es wird in Deutschland nicht gebilligt und galt bis vor kurzem als ›unlauterer Wettbewerb‹.

Von Natur aus optimistisch mögen es Amerikaner, in ihrer Konversation Humor einzusetzen. Einen guten Humor zu haben ist ein Muss, wenn jemand in Amerika vorankommen will. Eine gute Rede beginnt üblicherweise mit einer Anekdote oder einem Witz. Auf einer sozialen Zusammenkunft oder Party tendieren Amerikaner dazu, zu plaudern, also leichte Konversation zu betreiben. Sie vermeiden, wenn möglich, dabei jede Form von ernsthafter oder intellektueller Diskussion.

5.2.3 Mimik und Körpersprache

Die Mimik der Amerikaner ist lebhaft und strahlt Offenheit, Freundlichkeit, Optimismus und Vitalität aus, sie animiert. Ihre Körpersprache ist einfach zu lesen. Das ist eine Folge einer Kultur, die Direktheit schätzt und Täuschung nicht unterstützt. Wenn Amerikaner sich am Ende einer Abendparty müde fühlen, werden sie offen gähnen und einen mit halbgeschlossenen Augen und Langweile anblicken. Wenn sie in Eile sind, werden sie auf ihre Uhr schauen, um zu signalisieren, dass ein Treffen zu lange dauert. Amerikaner sagen eher rundheraus, wie es ist, als Dinge zu verbergen. Kurz, Diskretion ist nicht eine ihrer stärksten Eigenschaften.

5.3 Zusammenfassung

Vgl. die Anmerkung bei der Zusammenfassung zu Kapitel 2.

Deutsche tendieren dazu, ...

- kompliziert zu formulieren
- etwas detailliert darzustellen
- über-analytisch zu sein
- förmlich zu sein
- exzellente Zuhörer zu sein
- ernsthaft zu sein
- sachlich zu sein
- reserviert zu sein
- herausfordernd zu sein (in dem Wissen, dass dies brüskierend sein kann)
- diskret zu sein

Amerikaner tendieren dazu, ...

- einfach zu formulieren
- etwas knapp zu präsentieren
- rasch auf den Punkt zu kommen
- sich zwanglos zu geben
- eine kurze Aufmerksamkeitsspanne zu haben
- humorvoll zu sein
- zu übertreiben
- freundlich zu sein
- gemocht werden zu wollen
- (gedankenlos) geradeheraus zu sein, ohne jedoch herausfordern zu wollen

5.4 Die deutsche und die amerikanische Kommunikationsweise*

Unser Kommunikationsstil hängt direkt mit den Wertvorstellungen und Normen der Kultur zusammen, in welcher wir aufgewachsen sind. Die meisten Menschen vergessen, wenn sie in Interaktion treten, dass verschiedene Kulturen auch unterschiedliche Kommunikationsweisen haben. Wie dieser Abschnitt deutlich machen soll, pflegen Deutsche und Amerikaner eigene Stile, beide sehr unterschiedlich und Missverständnisse können selbst dann aufkommen, wenn die zwei Parteien glauben, sie hätten einander verstanden.

Grundsätzlich legt die deutsche Geschäftskonversation starke Betonung auf Inhalt und spielt persönliche Beziehungen herunter, um *glaubwürdig* und *objektiv* zu erscheinen. Die deutsche Kommunikationsweise ist eindeutig, faktenorientiert, und sogar ein wenig akademisch. Deutsche sind im Allgemeinen direkter als Amerikaner, besonders dann, wenn Fakten vorgetragen, Kritik geübt und Weisungen erteilt werden sollen.

Amerikaner dagegen betonen gleichermaßen den persönlichen wie den geschäftlichen Aspekt; sie möchten *gemocht* und *sozial akzeptiert* werden. Sie sind von außen gesteuerte Leute, die sich nicht von inneren Werten leiten lassen, sondern von der Meinung der anderen. Dies erklärt, warum sie direkter als Deutsche sind, wenn es heißt, Freude auszudrücken, Anerkennung zu zollen oder persönliche Details den Leuten zu offenbaren, die sie (noch) nicht gut kennen.

Wenn diese unterschiedlichen Kommunikationsweisen nicht völlig verstanden werden, sind Fehlinterpretationen vorprogrammiert. Amerikaner werden Deutsche klischeehaft als rechthaberisch und als streitsüchtige Besserwisser darstellen, während Deutsche die Amerikaner als ›naiv, oberflächlich, kindisch und ignorant‹ betrachten werden.

* Teilweise in bearbeiteter Form übernommen von *Germany – Understanding an Enigma* von Greg NEES.

5.4.1 Privatsphäre / öffentliche Sphäre

Ein anderer Aspekt, den es zu bedenken gilt, ist die Weise, wie Amerikaner und Deutsche sowohl im Privaten als auch in der Öffentlichkeit kommunizieren. Diese unterscheidet sich ganz beträchtlich und trägt zu der sprachlichen Verwirrung bei, wenn die beiden Stile aufeinander treffen und in Wechselwirkung treten. Der Sozialwissenschaftler Kurt LEWIN war einer der ersten, der verstanden hatte, wie sehr jemandes Persönlichkeit mit dem sozialen/kulturellen System verflochten ist. Die folgenden Abbildungen sind eine Weiterentwicklung seiner Theorien.

In der folgenden Abbildung symbolisieren die inneren Kreise die persönlichsten, intimsten und verwundbarsten Seiten einer Person. Diese Seiten werden nur den engsten Freunden und Familienmitgliedern offenbart. Die äußeren Kreise stellen die öffentlicheren, weniger persönlichen Seiten der Person dar, die der allgemeinen Öffentlichkeit leichter anvertraut werden.

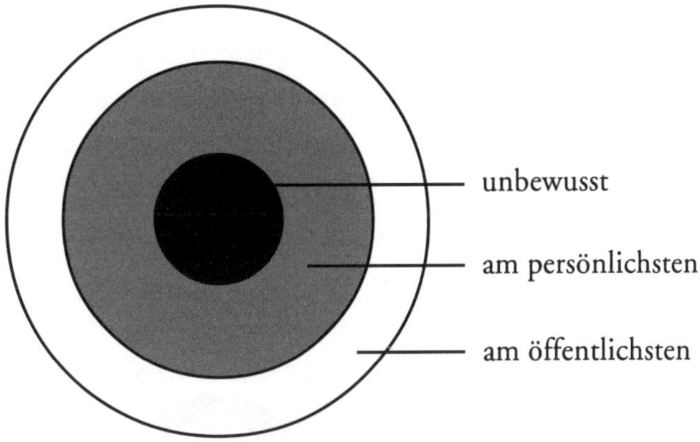

5.4.2 Amerikanische und deutsche Interaktionen

Für typische amerikanische Interaktionen ist ein extrovertierter Stil charakteristisch wie auch die Bereitschaft, sich rasch bei den Vornamen zu nennen. Amerikaner zeigen ihre Bereitschaft offen, freiheraus über viele Dinge zu sprechen, die Deutsche als sehr persönlich betrachten würden (Abb. 1):

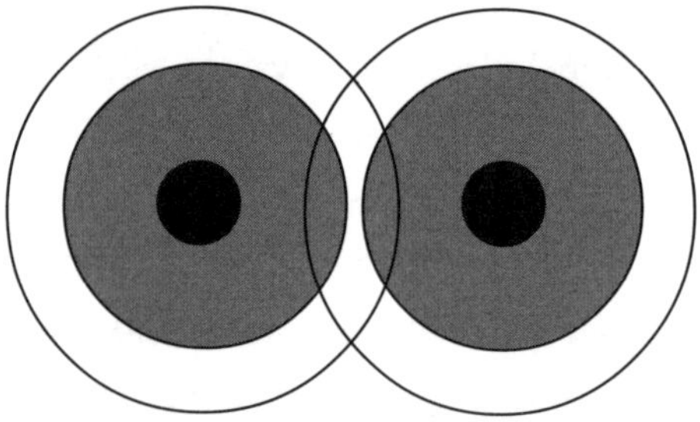

Abb. 1: Amerikanische Interaktionsweise

In deutschen Interaktionen gibt es eine ausgeprägte Trennung, symbolisiert durch die dicke schwarze Linie; diese stellt die private/öffentliche, die *du*/*Sie*-Unterscheidung dar (Abb. 2). Dies ist nicht so klar im Englischen, welches nur das Personalpronomen *you* kennt, was zu größeren Überschneidung führt. Wenn Deutsche unter Freunden und innerhalb der Familie sind (Abb. 3), ist die Kommunikation intimer als die der Amerikaner in derselben Situation. Weil Deutsche eine klare Unterscheidung zwischen *du*- und *Sie*-Beziehungen treffen, Amerikaner aber nicht, muss es einfach zu Missverständnissen kommen.

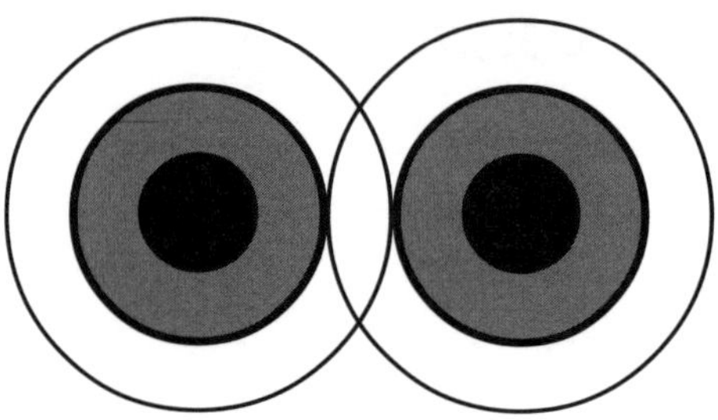

Abb. 2: Deutscher *Sie*-Interaktionsstil

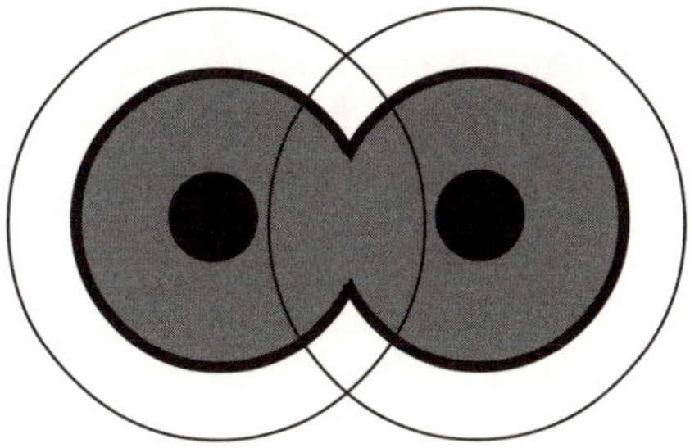

Abb. 3: Deutscher *du*-Interaktionsstil

5.4.3 Missverständnisse

Missverständnisse kommen dann vor, wenn eine Person mit einer bestimmten Vorstellung von Privat-/Öffentlichkeitssphäre auf eine Person trifft, die eine andere Vorstellung hiervon hat. Diesen Konfliktbereich kann man als *Gefahrenzone* bezeichnen.

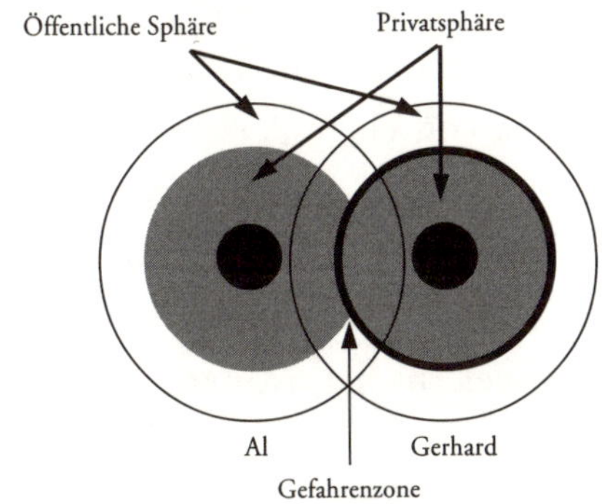

Beispiele:

a) Al lädt Gerhard zu sich nach Hause zum Barbecue ein:

Gerhard glaubt, dass die Einladung für ihn heißt, die Position eines engen Freundes einnehmen zu dürfen, d. h. diese damit innezuhaben. In den Augen von Al jedoch betritt Gerhard nur den ›öffentlichen Bereich‹ und wenn er sich wie ein alter Freund aufführt, wird Al irritiert, wenn nicht sogar abgeschreckt sein.

Da Gerhard auf der anderen Seite glaubt, er befinde sich nun innerhalb von Als ›Privatbereich‹, wird er sich gekränkt fühlen, wenn Al ihn nicht anruft, sobald dieser das nächste Mal in seiner Stadt weilt.

b) Gerhard lädt Al zu sich nach Hause zu einem Abendessen ein:

Gerhard äußert eine Vielzahl an privaten Informationen über seine Familie – etwas, woran Al nicht interessiert sein kann oder womit er sich nicht unbedingt wohl fühlen wird. Al muss in diesem Falle durchaus nicht in gleicher Weise reagieren. Am Ende des Abends denkt Gerhard dann, Al ist oberflächlich. Al hingegen wird überzeugt davon sein, dass Gerhard zu gefühlsbetont, zu ›tiefsinnig‹ ist.

5.5 Smalltalk

›Smalltalk‹ wird gemeinhin als ›Plaudern über alles und nichts‹ verstanden, eben indem man der Konversation keine tiefere Bedeutung beimisst. Amerikaner verwenden diesen Begriff, um das Eis zwischen Fremden zu brechen, insbesondere auf Partys. Es ist eine harmlose Aktivität, die hilft, jemanden erst einmal ein bisschen kennenzulernen und dadurch neue Geschäftskontakte herzustellen.

Smalltalk ist eine relativ schwierige ›Kunst‹ für Deutsche, die dazu erzogen werden zu glauben, dass das Leben zu wichtig sei, um es leichtfertig mit Unsinn zu verschwenden. Deutscher Konversationsstil ist gewöhnlich ernsthaft, was von einer Person erfordert, dass sie ehrlich und glaubwürdig erscheint. Zudem machen Deutsche einen starken Unterschied zwischen Öffentlichkeit und Privatsphäre. Über jemandes Auto oder Kind zu sprechen mit irgendjemanden, den man gerade einmal zwei Minuten zuvor kennengelernt hat, ist nach deutschem Verständnis nahezu unvorstellbar.

Für Amerikaner gibt es nicht solch eine starke Trennung zwischen den beiden Sphären. Sie sind extrovertierter und ihr hauptsächliches Ziel ist, wenn sie sprechen, gemocht und sozial akzeptiert zu werden. Das erklärt, warum sie direkter mit Komplimenten und dem Ausdruck von Freude umgehen, was sie zu ausgezeichneten ›small talkers‹ macht. Außerdem sind sie sich dessen absolut bewusst, wie man zwischen wörtlich und übertragen gemeinten Äußerungen unterscheidet – etwas, womit Deutsche häufig ihre Schwierigkeiten haben.

Wie also entwickelt man ›small talk‹-Fertigkeiten? Es hat nicht im geringsten Sinn, irgendwelchen strukturierten Vorgaben zu folgen, weil der Smalltalk als solcher intuitiv ist. Man muss nur eine leichte Konversation in Gang setzen und ihr folgen. Das bedeutet, Fragen und Aussagen sollten nicht wörtlich genommen werden, wie z. B. »Es ist ein großartiger Tag zum Schwimmen, nicht wahr?« oder »Ich habe gehört, dass es sich in Stuttgart fantastisch leben lässt«, worauf der Fragende nicht wirklich eine detaillierte Antwort erwartet. Vielmehr sollte man sich auf eine innere Position konzentrieren, die sagt ›Ich bin interessiert an seinen/ihren Interessen‹. Dann wird man einen Weg finden, die richtigen Fragen im richtigen Augenblick zu stellen. Man sollte sich dies wie ein Ping-Pong-Spiel vorstellen. Lassen Sie die Sätze einfach aus sich herausfließen und vermeiden Sie längeres Schweigen. Denken Sie schließlich daran, dass Zuhören und Fragenstellen wichtiger ist, als selbst zu sprechen. Versuchen Sie, sich die zur Verfügung stehende Zeit in ca. 50 % Zuhören, 25 % Fragenstellen und 25 % Selbstsprechen einzuteilen.

Welches sind gute Themen? Sport, Wetter, Autos, Kinder, Heimatstädte, Hobbys, Nachrichten. Welche Themen sollte man vermeiden? Sex, Alter, Gehalt, Politik, Krankheit, Tod, Religion, Stress, Klatsch allgemein.

Kapitel 6
Rechtssystem und Geschäftsethos

Fallbeispiel: BMW wegen Neuanstrichs eines neuen Autos verklagt

Im Jahre 1990 kaufte Ira Gore bei seinem Händler in Birmingham, Alabama, einen ›BMW‹. Neun Monate später eröffnete ihm eine Karosseriewerkstatt, dass die Lackierung seines Autos nach der Überführung aus Deutschland teilweise erneuert worden sei. Autos werden während des Transports oft leicht beschädigt, und amerikanische BMW-Händler bessern die Autos aus, so dass praktisch keine sichtbaren Schäden bleiben.

Gores Anwalt schlug vor, den Hersteller zu verklagen, da er es versäumt habe, die Ausbesserungsarbeiten bekanntzugeben. Gore ging vor Gericht, und die Geschworenen sprachen ihm 4.000 US-Dollar Ausgleichszahlung und vier Millionen US-Dollar Schadensersatz zu. Später beschloss der Alabama Supreme Court, dass dies überhöht sei, und reduzierte die Zahlung auf ›nur‹ zwei Millionen US-Dollar.

Die Geschworenen trafen diese Entscheidung aufgrund der Tatsache, dass BMW in den vergangenen zehn Jahren 1.000 Autos ausgebessert hatte, ohne darauf hinzuweisen. Sie bestraften BMW dafür, diese Praxis nicht bekanntgemacht zu haben.

Aus dem *Wall Street Journal*, 1995

6.1 Das Rechtssystem in den USA und in Deutschland

6.1.1 Amerikas Vorliebe für Prozesse

Nichts ist überraschender für einen Besucher der USA als das Überangebot an Rechtsanwälten und Rechtsfällen. Viele Kritiker glauben, dass die Ursache für die vielen, wegen jeder Kleinigkeit erhobenen Klagen darin liege, dass es so viele Rechtsanwälte gibt. In den Vereinigten Staaten gibt es viermal mehr Anwälte pro Kopf als in Deutschland. Sie arbeiten auf Erfolgsbasis (Erfolgshonorare), was bedeutet, dass sie nichts verdienen, wenn ihre Mandanten verlieren. Obsiegen sie, erhalten die Anwälte in der Regel einen Prozentsatz der Klagesumme, eine Praxis, die in Deutschland unüblich ist, wenngleich auch hier häufig Honorarvereinbarungen getroffen werden. Diese Vereinbarungen beziehen sich aber nur auf die Höhe des Honorars, in jedem Falle steht deutschen Anwälten eine Gebühr für das bloße Tätigwerden nach der Bundesrechtsanwaltsgebührenordnung (BRAGO) zu. Die amerikanische Praxis führt natürlich zu einer Reihe von absurden Klagen.

Eines der berühmtesten Beispiele sind die drei Millionen US-Dollar, die einer Frau zugesprochen wurden, die in einem McDonald's-Restaurant heißen Kaffee über ihre Hand verschüttet hat. Solche ›Mega-Übereinkünfte‹ spornen solche mit kleineren oder sogar nicht-existierenden Verletzungen an, ebenfalls einen Anwalt zu kontaktieren, in der Hoffnung, einen ähnlichen ›Jackpot‹ zu knacken.

Warum erlaubt das amerikanische Rechtssystem solche absurden Prozesse? Liegt es einfach daran, dass es zu viele ›hungrige‹ Anwälte gibt, die Arbeit für sich selbst schaffen müssen? Diejenigen, die das Problem untersucht haben, sagen, die Antwort könne im Geschworenensystem gefunden werden. Dieses hat seinen Ursprung im Siebten Zusatzartikel der US-Verfassung (Seventh Amendment of the U. S. Constitution), der besagt, dass jeder Bürger das Recht hat, seinen Fall vor zwölf Gleichgestellten, d. h. zwölf Durchschnittsbürgern, zu präsentieren – den Geschworenen.

6.1.2 Das amerikanische Geschworenensystem

Vor der Diskussion über das Für und Wider des amerikanischen Geschworenensystems ist ein kurzer Blick auf die Geschichte notwendig. Das US-Gerichtssystem basiert auf dem angelsächsischen Gewohnheitsrecht (Common Law). Alle rechtlichen Entscheidungen werden von Richtern gefällt, nicht vom Gesetzgeber, und diese sind an Präzedenzfälle gebunden. Dies ist der grundlegende Unterschied zum kontinentalen Westeuropa, das einen Großteil seiner Rechtsnormen dem römischen

Recht entliehen hat. Gesetze werden dort vom Gesetzgeber erlassen im Gegensatz zu den richterlichen ›interpretations‹ (Auslegungen) des Common Law.

Das angelsächsische Gewohnheitsrecht verdankt seine Struktur der ›Magna Charta‹, die im Jahre 1215 durch König Johann von England unterzeichnet wurde. Von den 61 Artikeln ist hier der folgende entscheidend: »Kein freier Mann soll gefangengenommen oder eingesperrt werden [...] außer durch rechtskräftiges Urteil seinesgleichen oder durch Landesrecht.«

Das war die Geburtsstunde des Geschworenensystems. Im 18. Jahrhundert schließlich war es ein wichtiger Schutz gegen die Willkür der Richter und der Verwaltung geworden. Es verbreitete sich auch in den englischen Kolonien.

Nach der Schaffung der ›U. S. Constitution‹ (Verfassung) im Jahre 1787 fügten die Amerikaner eine ›Bill of Rights‹ hinzu. Diese Zusätze sicherten freie Rede, Presse- und Religionsfreiheit, Schutz vor ›grausamen und unüblichen Bestrafungen‹ und Schutz gegen unangemessene Durchsuchung oder Beschlagnahme. Der Siebte Zusatzartikel garantiert Bürgern das Recht, in den meisten zivil- und strafrechtlichen Fällen durch Gleichgestellte abgeurteilt zu werden.

Im Verlauf des 19. Jahrhunderts wurden Geschworenenprozesse in breiter Linie auf dem europäischen Kontinent übernommen, aber nur für strafrechtliche Fälle. Nach dem Ersten Weltkrieg wurden die Laien-Geschworenen, die allein über die Schuldfrage oder Haftungsgrund zu entscheiden hatten, in Europa weitestgehend zugunsten eines gemischten Gremiums abgeschafft, in dem Richter zusammen mit ›Normalbürgern‹ sitzen. Der Unterschied besteht darin, dass die Berufsrichter über die Schuldfrage mitentscheiden. Sogar in England, wo Geschworenenprozesse ihren Ursprung haben, werden die Geschworenen nur noch in einem kleinen Prozentsatz von Fällen eingesetzt. In Deutschland gibt es Laienrichter nur in Handelssachen (›Handelsrichter‹), in der Finanzgerichtsbarkeit (›ehrenamtliche Richter‹) und in der Strafgerichtsbarkeit (›Schöffen‹). Die Schwurgerichte wurden hier 1924 durch die sogenannten Emminger-Reformen (›Lex Emminger‹, benannt nach dem damaligen Reichsjustizminister Erich EMMINGER) in ihrer alten Form beseitigt und – allerdings unter Beibehaltung der Bezeichnung ›Schwurgerichte‹ in Schöffengerichte umgewandelt, die mit drei Berufsrichtern und sechs Laien-Geschworenen besetzt sind.

Aufgrund des Siebten Zusatzes in der ›Bill of Rights‹ sind die Vereinigten Staaten das einzige Land auf der Welt, welches das Geschworenensystem sowohl für strafrechtliche als auch für zivilrechtliche Fälle beibehalten hat. Es wird geschätzt, dass in den USA jedes Jahr etwa 220.000 Geschworenenprozesse durchgeführt werden (das sind über 90 % aller Geschworenenprozesse auf der ganzen Welt).

Da es in den vergangenen zwanzig Jahren zu einer Explosion von Rechtsstreitigkeiten gekommen ist, gibt es die Tendenz, bei zivilrechtlichen Fällen das Geschworenensystem abzuschaffen. Das Hauptargument ist, dass die Geschworenen Laien sind, die von skrupellosen Rechtsanwälten emotional beeinflusst werden können und deshalb nicht in der Lage sind, vernünftige Geldschätzungen von Schäden zu machen. Es sei besser, so das Argument, einem geschulten und erfahrenen Richter die Beurteilung und Entscheidung zu überlassen, ob ein Verschulden vorliegt, und wie eine faire Beilegung des Rechtsstreits aussieht, wenn eine unerlaubte Handlung (›tort‹) bejaht wird. In Deutschland ist dies die übliche Methode.

Die meisten amerikanischen Rechtsanwälte, die ein natürliches Interesse an dem Geschworenensystem haben, wehren sich vehement gegen solche Veränderungen. Sie argumentieren, dass einige Entscheidungen von Geschworenenen Unternehmen weltweit gezwungen haben, die Art und Weise, in der sie operieren, zu ändern. Ohne das Geschworenensystem wäre Ralph NADER in seinem Prozess gegen General Motors wegen des schlechtkonzipierten Modells ›Corvair‹ in den sechziger Jahren wahrscheinlich nicht erfolgreich gewesen. Und damit hätten sich auch andere Autounternehmen weltweit weniger veranlasst gesehen, sich um Sicherheitsprobleme zu kümmern.

Auf ähnliche Weise zwingen Zivilprozesse jetzt Tabakunternehmen dazu, Milliarden von Dollar als Bußgeld zu zahlen, wobei ein Großteil des Geldes für die medizinische Behandlung von Rauchern aufgewendet wird. Diese Fälle haben heutzutage internationale Auswirkungen.

Amerikanische Anwälte argumentieren weiter, dass das Geschworenensystem dem ›kleinen Mann‹ zu einer Macht verhilft, die durchaus ernst zu nehmen ist. Da die Menschen sich mehr und mehr von ihren gewählten Repräsentanten und der Regierungsbürokratie entfremdet und gegenüber den großen Kapitalgesellschaften machtloser fühlen, ist der einzige Ort, in dem sie sich Gehör verschaffen können, das Geschworenensystem. Nähme man ihnen dieses Recht, würde man einen Teil des amerikanischen demokratischen Ideals für die meisten Bürger zerstören.

Juristische Beobachter aus Kanada und Europa stimmen dem in keiner Weise zu. Sie vertreten die Meinung, dass Geschworenenentscheidungen derart zugenommen haben, dass viele amerikanische Unternehmen in zunehmendem Maße zögern, neue Produkte auf den Markt zu bringen, da sie (unter Umständen absurde) Prozesse fürchten. Ebenso zahlen Ärzte wie z. B. Gynäkologen jährlich über 250.000 US-Dollar an Versicherung, nur um sich gegen Klagen, also letztlich gegen Schadensersatzansprüche, zu schützen. Damit führt diese Praxis zu erhöhten Preisen, die alle treffen. Es scheint, dass eine Abschaffung der Geschworenen in zivilrechtlichen Fällen der beste Weg wäre.

6.1.3 Zusammenfassung des Abschnittes ›Rechtssystem‹

Deutsches Rechtssystem:	Amerikanisches Rechtssystem:
– stark vom Römischen Recht beeinflusst	– stammt vom Gewohnheitsrecht (Common Law)
– Gesetze werden vom Gesetzgeber geschaffen	– auch richterliche Entscheidungen sind Gesetze

[Deutsches Rechtssystem:]	[Amerikanisches Rechtssystem:]
– Geschworene 1924 abgeschafft	– garantiertes Recht auf Geschworene
– Prozesse mit Laienrichtern nur in Handels-, Finanz- und Strafsachen	– Geschworenenprozesse in Zivil- und Strafsachen
– bei Schadensersatzklagen entscheiden Berufsrichter über Haftungsgrund und Höhe des Schadensersatzes	– bei Schadensersatzklagen entscheiden Laienrichter sowohl über Haftungsgrund als auch über Höhe des Schadensersatzes
– überschaubares Risiko bei Verurteilung zu Schadensersatzleistung	– Risiko absurder Schadensersatzhöhe

6.2 Geschäftsethos in den USA und in Deutschland

6.2.1 Die Differenzen zwischen Amerikanern und Europäern hinsichtlich des Geschäftsethos

Amerikaner und Europäer haben sehr unterschiedliche Normen, was ethisches Verhalten im Geschäftsleben betrifft. Auch wenn das Interesse am Geschäftsethos und der Stärkung von Regeln und Standards in Europa in den letzten zehn Jahren deutlich gestiegen ist, sorgen sich die Europäer nicht so um die Moral des Geschäftsverhaltens wie die Amerikaner. Die Finanzskandale um Enron und WorldCom zwangen die US-Regierung, im Jahr 2002 ein Gesetz (Sarbanes-Oxley Act) zu verabschieden, das von CEO's und CFO's fordert, einen Eid auf die Richtigkeit ihrer Bilanzen zu leisten.

Ein Bestechungsskandal, der dadurch hervorgerufen wurde, dass das Internationale Olympische Komitee (IOC) Salt Lake City die Winterspiele 2002 zusprach, ist nur ein Beispiel. Sogar das FBI und die Polizei des Bundesstaates waren zu den Ermittlungen hinzugezogen worden. Obwohl Europäer es auch so sehen würden, dass hier ein Fehlverhalten vorliegt, sind die meisten überrascht zu erfahren, dass die Funktionäre des Olympischen Komitees von Utah tatsächlich fürchten mussten, einige Zeit hinter Gittern zu verbringen. In Europa würde ihnen allenfalls eine Geldstrafe drohen.

Der Umgang mit dem Thema ›sexuelle Belästigung‹ zeigt ebenfalls den Kontrast zwischen amerikanischen Verhaltensstandards und denen europäischer Nationen. Um zu demonstrieren, dass das Problem auch in den USA nicht auf die leichte Schulter genommen wird, entschied der US Supreme Court, dass das Unternehmen, nicht das Individuum, rechtlich und finanziell für unakzeptables Verhalten gegenüber Kollegen des anderen Geschlechts verantwortlich sei. (Offen bleibt freilich die Ahndung von Fehlverhalten gegen Kollegen des gleichen Geschlechts.) Der Mitsubishi-Automobilkonzern in Illinois musste 33 Millionen Dollar Schadensersatz an 300 Frauen dafür zahlen, dass er sexuelles Fehlverhalten von männlichen Angestellten toleriert hat.

Die amerikanische Besessenheit, unethische Wirtschaftspraktiken aufzudecken und die Verantwortlichen dafür mit hohen Geld- oder sogar Gefängnisstrafen zu belangen, verwirrt Fremde. Wenn Amerikaner gefragt werden, warum sie sich so extrem verhalten, antworten sie schlicht, dass sie von ihren Unternehmen anständiges Verhalten erwarten. Die Wurzeln dieser moralistischen Haltung liegen in der kulturellen Vergangenheit der USA. Die Vereinigten Staaten wurden zum großen Teil von protestantischen Sekten gegründet, die sich von der eigentlichen protestantischen Bewegung (wie der Kirche von England) abgespalten hatten, weil sie deren Moral nicht für streng genug hielten. Sie glaubten unter anderem, dass man sein Seelenheil durch Schaffung von Wohlstand erlangen würde. Dies hatte in einer absolut ethischen Weise zu geschehen, ›ohne zu lügen oder zu betrügen‹. Selbst heutzutage glauben die meisten Amerikaner, dass Geschäft und Ehrlichkeit Hand in Hand gehen. Die Klage über acht Milliarden Dollar des amerikanischen Investors Kirk KERKORIAN gegen DaimlerChrysler wegen falscher Aussage kann in diesem Kontext verstanden werden.

Die Haltung der Amerikaner steht im Gegensatz zu den moralischen Standards der europäischen Wirtschaft. Statt zu glauben, dass der Mensch sich zum Guten wandeln könne, wie es die abgespaltenen Sekten in Amerika taten, hat die Alte Welt eine fatalistischere Sicht vom Menschen. Der Ausspruch »Can the leopard change his spots?« (»Kann der Leopard seine Flecken ändern?« – »Die Katze lässt das Mausen nicht«) drückt die Idee aus, dass der Mensch seine Natur nicht ändern könne und dass mit dem Guten immer auch Böses einhergehe. Zusätzlich tragen Europäer ein Erbe von aristokratischen, vorkapitalistischen Werten mit sich, die dazu führen, dass der Erwerb von Profit (und sogar das Geschäftemachen) als würdelos angesehen wird. Geld zu machen sei für sich genommen demnach ein zweifelhaftes Unterfangen. Wenn ein Manager oder ein Unternehmen ertappt wird, Geld unter der Hand zu zahlen, um einen Vertragsabschluss zu erhalten, sind Europäer eher weniger entrüstet als Amerikaner. Tatsächlich konnten Unternehmen sowohl in Frankreich als auch in Deutschland bis 1998 die meisten Bestechungsgelder als ›Provision‹ deklariert beim Finanzamt von der Steuer absetzen.

Amerikaner sind sehr stolz auf ihren Individualismus und betrachten oft jede Art von übergeordneter Autorität mit Argwohn. Grundsätzlich sehen sich Amerikaner immer zuerst als Individualisten und erst an zweiter Stelle als Mitglied einer Familie, Gruppe oder Organisation. Es ist daher nicht überraschend, dass die Zielsetzungen des Unternehmens und die des einzelnen Amerikaners in Konflikt geraten können. Das amerikanische Wertsystem ermutigt neben der Presse gerade Individuen, über unethische Aktivitäten zu berichten. Es gibt regulatorische Statuten zum Schutze desjenigen, der öffentlich die illegalen Aktivitäten einer Organisation oder Körperschaft enthüllt. Im Gegensatz dazu ordnen Europäer ihre persönlichen Werte eher den Normen ihrer Gemeinschaft oder ihres Unternehmens unter. Arbeitnehmer haben in der Regel ein größeres Gefühl der Loyalität gegenüber der Firma als Amerikaner; ›Anschwärzer‹ werden eher als Außenseiter angesehen denn als Helden.

Ein anderer Hauptunterschied zwischen dem amerikanischen und europäischen Verhalten im Berufsleben ist die Rolle formaler Regeln. Amerikaner neigen dazu zu glauben, dass Geschäftsethos auf Grundsätze und Richtlinien reduziert werden kann, eine Art von ›Moral-Checkliste‹. Diese Tendenz hat zu der Entstehung von Verhaltenskodizes in Unternehmen geführt, die aber, wie Kritiker meinen, zu einer Verringerung der Verantwortlichkeit des einzelnen führen. Wie eine Maschine braucht eine Person nur den Regeln zu folgen, die sie gelernt hat, und nach der

Moral-Checkliste ihres Unternehmens zu reagieren. Die meisten Europäer sind entsetzt von solch automatisierenden Verhaltensmustern und immer wieder überrascht, dass amerikanische Manager standhaft glauben, dass das Verhalten der Angestellten durch die Adoption eines ›ethischen Codes‹ verändert werden könne. Sie beurteilen diese Ansicht als ausgesprochen naiv. Europäer ziehen es vor, ihr Verhalten von den ungeschriebenen Regeln im Unternehmen leiten zu lassen. Amerikaner scheinen auch zu glauben, dass ihre eigenen Regeln und ihr Ethos in der ganzen Welt Anwendung finden sollten, was Europäer irritiert. Das beste Beispiel dafür ist der Foreign Corrupt Practices Act (FCPA) von 1977, nach welchem ein US-Unternehmen eine Straftat begeht, wenn es Zahlungen anbietet, um die Aktionen ausländischer Manager, Politiker oder Amtskandidaten zu beeinflussen. Die Strafen bestehen aus Geld- und sogar Gefängnisstrafen. (Es sollte bemerkt werden, dass die Europäische Union im Februar 1999 – unter starkem Druck der USA – eine Übereinkunft unterzeichnete, solche Bestechungen unter Strafe zu stellen.)

Diese grundsätzlichen Differenzen zeigen, dass die ethische Kluft zwischen amerikanischer und europäischer Wirtschaftspraxis noch groß ist. Manager von beiden Kontinenten haben dieses Thema bis jetzt größtenteils ignoriert. Ein besseres Verständnis der Unterschiede im rechtlichen und kulturellen Kontext des Geschäftslebens ist nötig, damit Manager international besser zusammenarbeiten können.

6.2.2 Zusammenfassung des Abschnittes ›Geschäftsethos‹

Deutsche tendieren dazu, ...	Amerikaner tendieren dazu, ...
– weniger um Geschäftsgebaren besorgt zu sein	– auf korrektem Geschäftsgebaren zu bestehen
– fatalistischer über die Natur des Menschen zu denken	– beeinflusst vom moralistischen Denken zu sein
– die Normen ihres Unternehmens zu vertreten	– die eigenen Normen durchzusetzen
– über unethisches Verhalten im Unternehmen nicht zu berichten	– über unethisches Verhalten zu berichten
– sich von ungeschriebenen Regeln leiten zu lassen	– nach Moral-Checklisten vorzugehen

Kapitel 7
Interkulturelle Kompetenz

»Um eine bestimmte Gruppe von Menschen zu verstehen, sollte man, soweit es geht, in den historischen und kulturellen Kontext dieser Menschen und des Landes, in dem sie leben, eindringen ... Nun, das ist nicht leicht. Es gibt etwas Verwirrendes in alledem: ein bestimmtes Ereignis, das uns offensichtlich erschien, wird von den anderen nicht so wahrgenommen ... Um sich von der Frustration, die man fühlt, zu befreien, genügt es zu denken ..., dass der andere nicht dieselbe Prägung bekommen hat wie wir, und er seiner eigenen Prägung nicht entrinnen kann. Was immer die Zukunft für uns bereithält, jede Gruppe von Menschen, jedes Land, unterscheidet sich von den anderen ... durch seine Art, Dinge zu sehen, durch Lebensstil und Denkweise. Um die anderen zu verstehen, sollten wir ihre Sprache gebrauchen, wann immer es möglich ist. Ich möchte sagen: nicht nur die Gesamtheit der Worte, die ihre Sprache bilden, sondern auch die Sprache ihres Geistes und ihres Herzens. Das ist eine absolute Unerlässlichkeit. Dazu reicht es nicht aus, an Logik und Verstand zu appellieren. Nötig ist eine emotionale Öffnung zu den anderen hin.«

Jawaharlal NEHRU, *Visit to America*

Vor über 125 Jahren schrieb Jules VERNE *In 80 Tagen um die Welt.* Zum Zeitpunkt seines Erscheinens rief das Buch große Aufregung hervor: In einer derart kurzen Zeit um die Welt zu reisen, wurde als revolutionär angesehen. Heute können wir mit der ›Concorde‹ in zweieinhalb Stunden von New York nach Paris reisen. Wir können auch augenblicklich kommunizieren, via Telefon oder E-Mail, von überall überallhin. Verbesserungen in Kommunikation und Transport erlauben uns unmittelbaren Kontakt – weltweit – und legen den Grundstein für die Globalisierung.

Diese Veränderungen haben unser Leben bereichert, aber auch Komplexität geschaffen. Ohne es zu merken, sind wir in eine neue Lebensweise geschlittert, in der interkulturelle Kontakte eine Alltäglichkeit geworden sind. Das ist ein neues Phänomen. Blickt man zurück auf den größten Teil der Menschheitsgeschichte, findet man heraus, dass interkultureller Kontakt oft nicht mehr war als Blutvergießen, Unterdrükkung, sogar Völkermord. Gruppen suchten Ähnlichkeit, Menschen wie sie selbst. Wenn Kontakt mit ›Fremden‹ aufgenommen wurde, war es in der Regel aus Gründen des Handels oder Krieges.

Jetzt wird von uns plötzlich erwartet, mit anderen Gruppen in Harmonie zu leben. Zu sagen, dass die meisten von uns nicht darauf vorbereitet sind, ist eine Untertreibung. Unsere alten Gewohnheiten, unseren Stamm zu beschützen und ›nicht über den Tellerrand zu schauen‹, hilft uns in der Ära der Globalisierung nicht weiter. Was zu Beginn des dritten Jahrtausends benötigt wird, ist interkulturelles Gespür.

Wie kommt man zu diesem Feingefühl? Der Interkulturalist Milton BENNETT sieht die Entwicklung der interkulturellen Kompetenz als eine Folge von vier subjektiven Stadien. Er beschreibt sie als

1. die unbewusste Annahme, dass die eigene Realität jedermanns Realität sei (Ethnozentrismus),
   Ein Beispiel ist ein Farmer in Alabama, der seine Heimatstadt niemals verlassen hat.
2. das Bewusstwerden kultureller Unterschiede,
   Zum Beispiel ein deutscher Tourist aus Bayern, der zum ersten Mal Kalifornien besucht.
3. Aufgeschlossenheit für kulturelle Unterschiede,
   Ein Beispiel ist ein amerikanischer Student der University of California, der für ein Jahr an einem Austauschprogramm mit der Universität Göttingen teilnimmt.
4. die Leistung einer erfolgreichen interkulturellen Interaktion.
   Ein Beispiel dafür ist ein deutscher Angestellter, der für zehn Jahre in New York gelebt hat und seine Kinder nun auf amerikanische Schulen bzw. Universitäten schickt.

Ist die vierte Stufe einmal erreicht, kann man als interkulturell kompetent angesehen werden. Was charakterisiert einen solchen Menschen?

In der überwiegenden Zahl der Fälle spricht eine interkulturell kompetente Person mehr als eine Sprache, d. h. sie ist nicht auf eine linguistische Realität begrenzt. Indem sie gegenüber anderen Kulturen aufgeschlossen und empfänglich ist, lernt sie automatisch mehr über sich selbst.

Darüber hinaus fühlt sich eine interkulturell kompetente Person nicht ausschließlich zu ihrer ursprünglichen kulturellen Gruppe zugehörig. Durch ihre Fähigkeit, einen anderen kulturellen Kontext wahrzunehmen und sich daran anzupassen, ist sie über das Wertesystem ihrer Gruppe hinausgewachsen.

Das impliziert, dass solch ein Mensch nicht in ethnozentrischen Begriffen denkt, sondern ein Pendler zwischen den Kulturen (›cross-cultural swinger‹) ist, der mit zwei oder mehr wettstreitenden Wertesystemen jongliert. Er ist in der Lage zu erkennen, dass alle Werte nur relativ sind: dass es keine absoluten Standards von ›gut‹ oder ›richtig‹ gibt. Darin liegt eine intellektuelle und emotionale Öffnung gegenüber anderen. Dieser Mensch begrüßt den Bewusstseinswandel, der für sein Wachstum notwendig ist, und die Freiheit, anders zu sein bzw. eigene Wege gehen zu können.

Letztlich ist dies eine Person, welche die Dilemmata, mit denen Menschen in verschiedenen Kulturen leben, erkennen, sich damit abfinden und ihr Verhalten daran anpassen kann. Wenn zum Beispiel ein interkulturell kompetenter Amerikaner mit dem deutschen Bedürfnis nach Perfektion konfrontiert wird, wird er es nicht als nichtig abtun, sondern ernst nehmen.

Das soll nicht heißen, dass die Person ihre eigenen Wertvorstellungen verloren hat. Jeder bewahrt einen gewissen ›Ethnozentrismus‹, indem er bestimmte fundamentale Ansichten beibehält, auch wenn er ein Bewusstsein für andere Kulturen (eine Erkenntnis und Akzeptanz von verschiedenen Werten) besitzt. Es ist völlig natürlich, an seiner eigenen kulturellen Gruppe zu hängen; man braucht ein gesundes Ego, das auf fundamentalen Lebenswerten basiert.

Es ist klar, dass jedes Unternehmen, das in der Zukunft überleben und florieren will, sich der globalen Perspektive öffnen muss. Wir sind gezwungen, uns von einem ethnozentrischen Modus zu einer größeren Wahrnehmung und Akzeptanz anderer Kulturen zu entwickeln. Auch wenn wir niemals eine andere Kultur völlig verstehen können, muss es das Ziel sein, unser Feingefühl zu steigern und einen gewissen Grad an interkulturellem Verständnis zu erlangen.

Wenn man den Grundsatz akzeptiert, dass Globalisierung die Zukunft ist, dann ist klar, dass Unternehmen ihre Organisationsprozesse umwandeln und ihr Personal zu interkultureller Kompetenz ausbilden müssen.

Nur durch eine Beschleunigung des Erlernens interkultureller Fähigkeiten und durch eine Erweiterung des Informationsflusses kann es Unternehmen in der immer komplexer werdenden Welt gelingen, wettbewerbsfähig zu bleiben.

Zusammenfassung: Eigenschaften einer interkulturell kompetenten Person

Vergleiche die Anmerkung zur Zusammenfassung von Kapitel 2 auf Seite 54.

- in mehr als einer Sprache kommunizieren zu können
- sich nicht länger nur zur ursprünglichen kulturellen Gruppe zugehörig zu fühlen
- die Relativität von Wertvorstellungen erkannt zu haben
- ein Pendler zwischen den Kulturen zu sein
- die Dilemmata, in denen Menschen andere Kulturen leben, erkennen, akzeptieren und sich daran anpassen zu können

Fallstudien

Einige der nachfolgend aufgeführten Fälle zeigen Situationen aus amerikanischer Perspektive. Sie sind dennoch aus der Originalausgabe übernommen worden, da sie auch für deutsche Manager insofern hilfreich sein können, um das amerikanische Bild von Deutschland zu verstehen und sich selbst einmal im ›Spiegel betrachten‹ zu können.

Fall 1:
Land: Deutschland
Thema: Amerikanische Zwanglosigkeit
Quelle: bearbeitet aus *So You Speak English Too*, V. TYLER und D. COON, Intercultural Research Center, Brigham Young University 1979, S. 20–21.

Sie sind von ihrem deutschen Geschäftspartner in sein Haus zum Abendessen eingeladen worden. Sie erfahren, dass ein weiterer Gast Professor Jürgen Grünwald ist, der weltberühmte Wirtschaftswissenschaftler, den Sie sehr bewundern. Erfreut über die Gelegenheit, seine Bekanntschaft zu machen, plaudern Sie nett während des Abendessens mit ihm und ihren Gastgebern.

Nachdem das Essen beendet ist, stehen Sie neben Herrn Grünwald und schauen aus dem Fenster. Trotz seines Ruhms scheint er ein warmherziger und kameradschaftlicher Mann zu sein, aufrichtig interessiert an Ihnen und Ihrem Leben. In Ihrem Überschwang klopfen Sie danach auf seine Schulter und sagen: »Nun, Jürgen, ich kann Dir nicht sagen, wieviel es mir bedeutet hat. Meine Frau wird sich riesig freuen, wenn ich ihr davon erzähle. Ich hoffe, wir können in Kontakt bleiben.«

Augenblicklich weicht er zurück, und Sie ziehen Ihre Hand schuldbewusst weg. Sie haben das Gefühl, etwas falsch gemacht zu haben.

Was können Sie jetzt tun?

1. Machen Sie weiter, als ob nichts passiert sei, und setzen Sie auf Ihre warmherzige Persönlichkeit, um ihn für den Rest des Abends wieder für Sie zu gewinnen.
2. Entschuldigen Sie sich, gehen Sie nach Hause und melden Sie sich später bei ihm.

3. Vergessen Sie die Sache, und haken Sie ihn ab. Die Welt ist voller Wirtschaftswissenschaftler.
4. Wenn Sie einen Moment allein mit ihm haben, entschuldigen Sie sich. Dass Sie ihm zu nahe getreten sind, erklären Sie mit der Tatsache, dass Sie Amerikaner sind, mit anderen Gebräuchen im sozialen Umgang. Danach reden Sie ihn wieder nur mit ›Herrn Grünwald‹ an.

Antworten:
1. Das ist möglich, aber Sie dürften Schwierigkeiten haben, seine Wertschätzung zu gewinnen. Sie haben versehentlich die Grenze zur Intimsphäre überschritten, die die Deutschen zwischen sich und neuen Bekannten lieber wahren. Solche Freizügigkeiten, wie Vornamen zu gebrauchen und vertrautes Klopfen auf die Schulter, werden nur durch lange Bekanntschaft verdient.
2. Es ist nicht wahrscheinlich, dass er in Zukunft sehr entgegenkommend sein wird, es sei denn, Sie machen Ihren Patzer sehr schnell wieder gut.
3. Das könnte notwendig sein, besonders wenn Ihr Stolz Sie von einer Entschuldigung abhält.
4. Das ist wahrscheinlich das Beste, wenn Sie auf seine Bekanntschaft oder auf weitere Einladungen Wert legen.

Fall 2:
Land: Deutschland
Thema: Auffassung von Respekt
Quelle: *German-Speaking People of Europe*, Building Bridges of Understanding Series, V. Lynn TYLER, Language and Intercultural Research Center, Brigham Young Unversity 1978, S. 25–26.

Mr. Smith, ein besonderer Gast aus den Vereinigten Staaten, beginnt, vor einem großen deutschen Publikum zu sprechen. Smith möchte dem Publikum seine freundschaftlichen Gefühle vermitteln und will, dass es sich entspannt.

Indem er eine etwas lockere Haltung mit einer Hand in der Hosentasche annimmt und mit der anderen das Rednerpult festhält, erzählt er eine lustige Geschichte, wie er sie schon viele Male anderen Zuhörern erzählt hat. Das diente bisher auch dazu, die Aufmerksamkeit zu erlangen, bevor er in einem ernsteren Stil fortfahren würde. Dieses Mal jedoch begegnet er angestrengter Stille, nachdem der Dolmetscher seine Geschichte erzählt hat.

Während er unwohl vor der stummen Versammlung von einem Fuß auf den anderen tritt, fährt Smith mit seiner Rede fort. Er fragt sich dabei, was er Falsches gesagt oder getan haben könnte, dass er eine derartige Reaktion hervorgerufen hat.

Was ist passiert?

1. Sein Dolmetscher hat seinen Witz vielleicht falsch übersetzt.
2. Er hat das Publikum nicht direkt angesehen, während er sprach, sondern hat auf das Podium oder die Decke geblickt.
3. Er hat nichts falsch gemacht. Er bildet sich nur ein, dass die Deutschen nicht erfreut wären. Im Gegenteil: ihr Schweigen ist ihre Art, ihr Vergnügen auszudrücken.
4. Seine lockere Haltung und seine losen Bemerkungen könnten als respektlos angesehen worden sein.
5. Das Publikum hatte Vorurteile.

Antworten:

1. Das ist möglich, da Humor sich nicht immer zwischen Kulturen übertragen lässt, aber das war nicht Mr. Smiths Problem.
2. Das ist ein anderer möglicher Grund. Für Deutsche wird ungeteilte Aufmerksamkeit durch Augenkontakt signalisiert. Aber auch dies war nicht die Ursache.
3. Falsch. Die Zuhörer schauten ärgerlich, und sie waren es auch.
4. Das ist der Hauptgrund für die kühle Aufnahme, die Mr. Smith erfahren hat. Seine lockere Haltung (besonders die Hand in der Hosentasche) führten zu der Reaktion, die genau das Gegenteil der erwünschten war. Die Zuhörer fühlten sich dadurch brüskiert, Mr. Smith in einer Haltung zu sehen, die für sie Missachtung ausdrückt, insbesondere, da Mr. Smith über ein ernstes Thema reden wollte und als eine Autorität auf diesem Gebiet bekannt war.
5. Das hätte vielleicht vor zwanzig Jahren gegolten, aber heute existieren in Wirtschaftskreisen kaum noch Vorurteile gegen andere Nationen.

Einige nützliche Informationen:
In Deutschland herrscht die Meinung, dass bei öffentlichen Auftritten großer Respekt gezeigt werden sollte. Es gilt sogar als schlechtes Benehmen, einen Freund auf der Straße zu grüßen, während die Hände in der Hosentasche stecken.

Ein anderes Problem war zusätzlich, dass Mr. Smith humorvoll wirken wollte. Witze oder Humor werden in solch einer Umgebung als fehl am Platz empfunden; alle weniger ernst gemeinten Gedanken sollten sparsam und zum richtigen psychologischen Zeitpunkt eingesetzt werden. Auch sollte man daran denken, dass Humor nicht immer von Kultur zu Kultur übersetzbar ist.

Zur deutschen Auffassung von Respekt gehört, die Meinung anderer zu achten und dem jeweiligen Redner volle Aufmerksamkeit zu schenken. Ein Amerikaner dagegen wird sich um so ungezwungener verhalten, je mehr er den Redner kennt, selbst bei dessen Vortrag.

Fall 3:
Land: USA
Thema: Sexuelle Belästigung

Jürgen ist ein junger deutscher Angestellter, der in der Tochtergesellschaft seiner Firma in Chicago arbeitet. Viele seiner amerikanischen Mitarbeiter sind Frauen. Obwohl er es nicht gewohnt ist, so viele Frauen in leitenden Positionen zu sehen, akzeptiert er die Tatsache und findet sie sogar erfreulich. Er ist sich bewusst, dass öffentliches Flirten in US-Wirtschaftskreisen ein empfindliches Thema ist (der US Supreme Court hat entschieden, dass das Unternehmen, nicht der einzelne, rechtlich und finanziell verantwortlich ist für inakzeptables Verhalten gegenüber Kollegen des anderen Geschlechts.) Aber er ist jung und Single und findet seine amerikanische Kollegin Monica ganz attraktiv. Obwohl Flirten an sich harmlos ist, könnte dies zu Komplikationen führen. Jürgen ist nicht sicher, wie er mit der Situation umgehen soll.

Betrachten Sie die drei Möglichkeiten. Welche würden Sie, stünden Sie an Jürgens Stelle, für die beste Vorgehensweise halten?

1. Versuchen Sie Ihre Chancen bei Monica durch körperlichen Kontakt abzuschätzen!

2. Machen Sie Monica taktvoll Komplimente für ihr Lächeln, ihre Haare oder ihre Kleidung!
3. Machen Sie ihr das Kompliment, dass sie ihren Job gut macht!

Antworten:
Nummer 1 ist offensichtlich falsch. Nummer 2 ist akzeptabel, vorausgesetzt, es wird mit Feingefühl vorgegangen. Nummer 3 ist das Sicherste und ein guter Weg, eine Beziehung aufzubauen.

Einige hilfreiche Informationen:
Sexuelle Belästigung wird gesetzlich definiert als »nicht willkommene sexuelle Annäherungen, Anfragen nach sexueller Begünstigung und anderes verbales oder physisches Benehmen von sexueller Natur«. Die folgenden Punkte könnten nach dem *Harvard Business Review* eine sexuelle Belästigung darstellen:

- Mein Vorgesetzter schaut mich von oben bis unten an, ich fühle mich dabei unwohl.
- Mein Vorgesetzter legt seine Hand auf meinen Arm, wenn er mit mir spricht.
- Mein Vorgesetzter macht anzügliche Bemerkungen oder Witze.
- Ich werde von meinem Vorgesetzten getätschelt oder gezwickt.
- Mein Chef erzählte mir, es würde meiner Karriere nützen, wenn ich mit ihm ausginge.

Die offiziellen Anhaltspunkte für sexuelle Belästigung nach amerikanischer Sicht sind:

- Anstellungsbedingung: wenn das Akzeptieren solch sexuellen Benehmens zur Bedingung für eine Anstellung gemacht wird (ausdrücklich oder unausgesprochen)
- Anstellungskonsequenzen: wenn die Zurückweisung solchen Benehmens die Entscheidungen des Arbeitgebers beeinflusst, z. B. bei der Beförderung
- Arbeitsstörung: wenn solches Benehmen nicht zur Ausführung der Arbeit passt, oder es eine feindselige oder aggressive Arbeitsumgebung schafft

Diese Anhaltspunkte erlegen dem Arbeitgeber eine absolute Haftung für die Handlungen von Vorgesetzten auf, unabhängig davon, ob das Verhalten dem Arbeitgeber bekannt, von ihm bestätigt oder untersagt war. Mitarbeiter sind genauso verantwortlich, sogar wenn der Arbeitgeber sofort handelt.

Fall 4:
Land: USA
Thema: Verschiedene Auffassungen von Freundschaft

Markus Schneider trifft auf einem Flug nach Detroit Bob Clyde, einen amerikanischen Angestellten desselben Unternehmens. Sie plaudern während des gesamten Fluges und verstehen sich sehr gut. Bei der Ankunft stellt Bob Markus seiner Frau am Flughafen vor, indem er sagt: »Schatz, ich möchte, dass du meinen Freund Markus kennenlernst, den ich gerade im Flugzeug getroffen habe«. Markus ist überrascht, so schnell »ein Freund« genannt zu werden. Bevor sie sich trennen, tauschen sie Telefonnummern aus, und versprechen einander, sich anzurufen.

Zwei Wochen später sieht Bob Markus in der Cafeteria des Unternehmens. Obwohl der letztere lächelt und freundlich »hi« sagt, geht er an Bobs Tisch vorbei, um mit anderen Leuten am Tisch zu sitzen. Bob ist perplex und fühlt sich irgendwie verletzt. Er fragt sich, was los ist.

Folgendes ist möglich:

1. Markus hat kein vorteilhaftes Bild von ihm gewonnen und sich entschieden, die Freundschaft nicht fortzuführen.
2. Obwohl Markus die Konversation mit Bob im Flugzeug genossen zu haben scheint, wurde sie von ihm nicht als Beginn einer Freundschaft angesehen.
3. Markus ist eher ein zurückhaltender Typ.

Antworten:
Die wahrscheinlichste Antwort ist Nummer 2. Aufgrund seiner kulturellen Erziehung müsste Markus Bob erst viel besser kennenlernen, bevor er ihn als ›Freund‹ bezeichnen würde.

Fall 5:
Land: USA
Thema: Pünktlichkeit

Joachim Henrichs ist für einige Monate in dem neuen Forschungs- und Entwicklungslabor seines Unternehmens in Santa Barbara, Kalifornien, tätig gewesen. Sein Auftrag bestand darin, die Operationen für die deutsche Mutterfirma zu kontrollieren. Sein amerikanischer Kollege, Jim Higgins, hat mit ihm eng an mehreren Projekten gearbeitet.

Obwohl Joachim Jims Freundlichkeit, Lebendigkeit und Aufnahmefähigkeit mag, hat dieser eine schlechte Angewohnheit, die Joachims Ordnungssinn stört. Jedesmal, wenn sie ein Meeting besuchen wollten, schien Jim ein wichtiges Telefongespräch führen oder einen Brief zu Ende schreiben zu müssen. Als Ergebnis kam er zu den meisten Treffen zu spät. Joachim kann seine schlechte Zeiteinteilung nicht verstehen.

Was ist die Erklärung für diese schlechte Zeiteinteilung?

1. Menschen in Südkalifornien sind zu lässig und scheren sich nicht um Pünktlichkeit.
2. Amerikaner mögen es, viele Dinge auf einmal zu tun. Das endet häufig damit, dass sie wegen ihrer vielen konkurrierenden Termine zu spät kommen.
3. Es macht auf Amerikaner einen guten Eindruck, zu spät zu kommen, denn man demonstriert damit, dass man viel zu tun hat.

Antworten:

1. Das ist sehr unwahrscheinlich. Pünktlichkeit hat in den USA denselben hohen Stellenwert wie in Deutschland, auch in Südkalifornien.
2. Das ist der Hauptgrund für Verspätung. Amerikaner versuchen von Natur aus, innerhalb einer bestimmten Zeit so viel wie möglich zu tun. Die Deutschen haben ebenfalls das Bedürfnis, viel zu erledigen, aber planen jede Aktivität systematisch, um konkurrierende Aktivitäten so weit wie möglich zu vermeiden. Die Amerikaner planen nicht so sorgfältig, was zu Situationen führt, in denen sie vieles zur selben Zeit machen müssten.

3. Das ist absolut falsch. Obwohl Amerikaner großen Wert auf Äußerlichkeiten und Image legen, ist es sehr unwahrscheinlich, dass sie eine Situation so manipulieren würden, um andere glauben zu machen, sie seien beschäftigte Leute.

Fall 6:
Land: Deutschland
Thema: Deutsche Gründlichkeit

Michael J. Hill und George Brown sind amerikanische Ingenieure, die in der Tochterfirma ihres Unternehmens in Frankfurt arbeiten. Sie wurden kürzlich dazu eingeteilt, mit zwei deutschen Ingenieuren zusammenzuarbeiten, um eine neue Software auszuwählen, welche die Leistungen ihrer Unternehmen koordinieren könnte.

Sowohl Michael als auch George fanden, ihre deutschen Kollegen würden zu viele allgemeine Fragen stellen und jedermanns Zeit damit verschwenden, hypothetische Situationen zu berücksichtigen. Um amerikanischen Pragmatismus und Geradlinigkeit zu demonstrieren, bestellten sie nach nur zwei Tagen das erstbeste Programm bei einem bestimmten Software-Unternehmen. Die deutschen Kollegen waren vom Tempo ihrer amerikanischen Kollegen freudig überrascht. Obwohl sie eigentlich erst Alternativen vergleichen wollten, gaben die Deutschen widerwillig ihre Zustimmung, diese Software zu kaufen.

Einige Tage, nachdem die Software installiert war, wurde klar, dass es mehrere Kompatibilitätsprobleme gab. Die Software musste entfernt werden, und das Team musste sich wieder treffen, um eine neue Lösung zu finden.

Warum passierte das so?

1. Die Amerikaner wollten demonstrieren, dass eine adäquate Lösung auch ohne deutsche Gründlichkeit gefunden werden könnte.
2. Amerikaner mögen es nicht, komplexe Probleme systematisch zu durchdenken, sondern ziehen Antworten vor, die wenig Denkaufwand benötigen.
3. Amerikaner haben die Einstellung »Let's try it out and if it doesn't work, we'll look for another alternative« (»Lass es uns ausprobieren, und wenn es nicht klappt, werden wir uns nach einer anderen Möglichkeit umsehen«).

4. Die Amerikaner haben nicht genügend Informationen gesammelt und ausgewertet, was aber nötig gewesen wäre, um die Aufgabe adäquat zu erfüllen.

Antworten:
1. Das ist eine Möglichkeit. Dennoch können Amerikaner ebenso gründlich sein wie Deutsche, wenn es die Situation erfordert.
2. Das ist grundsätzlich falsch. Einige der weltweit besten wissenschaftlichen Entdeckungen kommen bekanntlich aus amerikanischen Forschungseinrichtungen. Wenn Amerikaner auch zu rasch im Problemlösen sein mögen, bedeutet das nicht, dass sie Probleme nicht durchdenken könnten.
3. Das ist typisch für die amerikanische Denkweise und die wahrscheinlichste Erklärung. Amerikaner benutzen oft die ›Trial-by-error‹-Methode (etwa: ›aus Fehlern wird man klug‹), sogar wenn es sich auf lange Sicht als teurer erweist.
4. Diese Erklärung, eng verbunden mit der dritten Antwort, ist auch möglich. Deutsche verwenden von Natur aus mehr Zeit darauf, Alternativen zu analysieren und zu bewerten. Amerikaner werden, sobald sie einmal denken, dass sie eine richtige Antwort gefunden haben, aufhören, Alternativen zu prüfen, und schnell in der Hoffnung weitermachen, dass es so schon klappen würde.

Fall 7:
Land: USA
Thema: Teamwork

Ralf Schultze ist von seinem in Hamburg ansässigen Versandunternehmen zu dem Tochterunternehmen in San Francisco geschickt worden. Er findet die Stadt annehmbar, ist mit den Arbeitsbedingungen zufrieden und mag es, wie die Amerikaner so gut miteinander auszukommen scheinen.

Ihm ist gerade ein größeres neues Projekt von seinem Hamburger Büro in Auftrag gegeben worden, nämlich die deutsche Methode auszutesten, Ladung in einem amerikanischen Hafen an Bord zu nehmen. Da er sehr gut mit Chris und

Jerry, zwei seiner amerikanischen Kollegen, auskommt, schlägt er vor, zusammen im Team zu arbeiten und die Verantwortung für den Testlauf zu teilen. Zu seiner Überraschung zeigen sie keine Begeisterung für seinen Vorschlag. Stattdessen schlagen sie vor, dass die Arbeit in drei verschiedene Teile geteilt werden soll, damit das Management in die Lage versetzt wird, zu sehen, wer was geleistet hat.

Was steckt dahinter?

1. Die amerikanischen Kollegen schätzen es nicht, dass ein Neuankömmling (und Ausländer) in das Unternehmen kommt und ihre Arbeitsgewohnheiten ändern will.
2. Amerikaner ziehen es vor, alleine zu arbeiten, da sie dann mehr Verantwortung haben und die Aufgabe schneller und besser erledigen können.
3. Amerikaner mögen Teamwork überhaupt nicht.

Antworten:

1. Während Deutsche diese Antwort richtig finden könnten, ist sie für Amerikaner im Allgemeinen nicht zutreffend. Natürlich sind Menschen in jeder kulturellen Umgebung gegenüber Fremden misstrauisch. Anders als in Deutschland ist es in den USA jedoch nicht unüblich, den Job zu wechseln, und Amerikaner sind deshalb weniger zurückhaltend gegenüber neuen Mitarbeitern. Auch wird es positiv bewertet, wenn ein neuer Angestellter Initiative zeigt und die Arbeitsbedingungen verbessern möchte.
2. Das ist die wahrscheinlichste Erklärung. Amerikaner arbeiten lieber alleine als in der Gruppe. Obwohl es ein höheres Risiko ist, die alleinige Verantwortung zu haben, hat man auch mehr Freiheit, Entscheidungen zu fällen. Damit ist die Wahrscheinlichkeit größer, dass man für die individuelle Leistung belohnt wird. Das passt dazu, dass Amerikaner sich mehr als Individualisten betrachten denn als Mitglieder einer Gruppe.
3. Das ist völlig falsch. Amerikaner arbeiten sehr wohl in Teams, aber haben andere Vorstellungen als Deutsche davon, was Teamwork be-

deutet. Für sie muss es eine klare Aufteilung von Aufgaben geben, wobei es auch zu lernen gilt, wie man miteinander auskommt. Am wichtigsten ist es für sie, dass die individuelle Leistung wahrgenommen und wie sie von anderen beurteilt wird. Deutsche sehen im Unterschied dazu Teamwork als eine sich gegenseitig unterstützende Tätigkeit mit geteilter Verantwortung an.

Fall 8:
Land: USA
Thema: Handlungsorientierte Tätigkeiten

Elke Huck hat zwei Monate für die Tochterfirma einer Schweizer Bank in Los Angeles gearbeitet. Sie hat einige gute Kontakte zu ihren amerikanischen Kollegen gefunden und würde sie gern auf einer persönlicheren Ebene kennen lernen. Sie lädt Tom, Suzanne und Kathy zum Abendessen in ihr Appartement ein.

Sie bereitet ein viergängiges deutsches Essen vor, und ihre Gäste finden es fantastisch. Nach dem Essen schlägt Elke ihren Gästen vor, dass sie alle auf den Balkon gehen und deutschen Wein trinken. Während sie so dasitzen, tendiert die Stimmung gegen null; niemand scheint etwas zu sagen zu haben. Zu Elkes Überraschung schlägt Tom vor, zusammen ins Kino zu gehen. Diesem Vorschlag stimmen alle zu.

Hinterher fragt sich Elke, warum ihre Gäste so früh gehen wollten.

Was ist passiert?

1. Ihre Gäste langweilten mit der Zeit immer mehr.
2. Amerikaner sind es nicht gewohnt, dazusitzen und mit Menschen zu sprechen, die sie nicht so gut kennen.
3. Ihre Gäste haben die Einladung zum Abendessen missverstanden. Nachdem das Essen beendet war, glaubten sie, die ›offizielle‹ Einladung sei zu Ende, und es läge an ihnen, etwas vorzuschlagen.

Antworten:

1. Dies ist höchst unwahrscheinlich, könnte aber eine mögliche Erklärung sein. Viele Amerikaner werden unruhig, wenn Langeweile einzusetzen scheint. Da es nicht in der Natur der Amerikaner liegt, nichts zu

tun, wird jemand die Initiative ergreifen und vorschlagen, dass die Gruppe etwas zusammen unternimmt.

2. Dies ist der wahrscheinlichste Grund. Amerikaner sehen sich gern als aktive und effiziente Menschen, immer auf Achse. Die amerikanische Kultur befürwortet zielgerichtete Aktivitäten. Das geht Hand in Hand mit ihrem philosophischen Leitmotiv ›the pursuit of happiness‹ (›Streben nach Glück‹). In den Augen von Amerikanern kann dies nur durch konkrete Leistungen erreicht werden, so wie Spiele spielen, ins Kino gehen etc.
3. Obwohl unwahrscheinlich, könnte dies ebenfalls eine mögliche Erklärung sein, verbunden mit den beiden vorigen Antworten. Viele Amerikaner empfinden Herumsitzen und Plaudern nicht als produktiv. Deshalb ist es sehr wahrscheinlich, dass jemand irgendeine Aktivität vorschlägt.

Fall 9:
Land: Deutschland
Thema: Smalltalk

Andreas Weber arbeitet für eine amerikanische Firma in seiner Heimatstadt Düsseldorf. Viele seiner Kollegen sind Amerikaner, mit denen er sehr gut auskommt. Weber und seine Familie sind neulich von Tom Lennox zu einem speziellen ›Mexican Fiesta‹-Abend nach Hause eingeladen worden.

Andreas und Tom und ihre Ehefrauen finden das Abendessen sehr unterhaltsam. Sie reden fast den ganzen Abend – von der amerikanischen Lebensweise, den besten Orten, die man in den USA und Deutschland besuchen kann, bis dahin, welches Land das beste Bier hat, und so weiter. Sobald Andreas jedoch ein ernsteres Thema anzuschneiden versucht, so wie die zukünftige politische Richtung Deutschlands oder soziale Probleme in den USA, treffen seine Worte auf taube Ohren. Tom kehrt zu nicht-kontroversen Themen zurück und besteht darauf, dass sie mehr Tacos essen.

Warum verhält er sich so?

1. Wenn Amerikaner einen Themenabend veranstalten, ist das Letzte, über das sie reden wollen, Probleme der Gesellschaft. Ein ›Fiesta-Abend‹ ist dazu da, Spaß zu haben.

2. Die Amerikaner sind sehr empfindlich in bezug auf Themen, die in irgendeiner Weise ihr Land verletzen könnten. Daher werden Themen wie diese vermieden.
3. Amerikaner sind uninformiert und schlecht ausgebildet, wenn es darum geht, Themen, welche die Welt betreffen, zu verstehen und zu diskutieren. Um zu vermeiden, als Ignoranten bloßgestellt zu werden, bleiben sie bei trivialen Themen.
4. Amerikaner betrachten ernste Themen als Zeitverschwendung.

Antworten:

1. Das ist die wahrscheinlichste Erklärung. Wenn Amerikaner Freunde zu einem ›Fun-Abendessen‹ einladen, wollen sie sich in der Regel nicht über ernste Themen ärgern. Dagegen ist es für Deutsche schwierig, auf einer Party über belanglose Themen zu schwatzen, da sie ernsthaft und tiefsinnig erscheinen wollen.

   Das heißt nicht, dass Amerikaner nicht die Ernsthaftigkeit des Lebens verstehen. Sie denken nur, dass zur gegebenen Zeit und in der richtigen Umgebung diskutiert werden sollte, so wie bei dem *Aids Benefit Dinner* oder einer politischen Veranstaltung.
2. Das ist nicht die richtige Erklärung. Amerikaner haben keine Angst, über ihr Land zu sprechen, wenn es um kontroverse Themen geht. Eine ›Fun-Party‹ wird aber nicht als passende Gelegenheit angesehen, über Themen dieser Art zu reden.
3. Das ist völlig falsch. Während es wahr ist, dass es bestimmte Segmente der amerikanischen Gesellschaft gibt, die wirklich uninformiert und unfähig sind, die politischen, ökonomischen und sozialen Kräfte zu verstehen, die die Welt beeinflussen, kann dies ebenfalls über Teile der deutschen Gesellschaft gesagt werden. In der Regel sind Amerikaner, die nach Deutschland geschickt werden, um ihre Firma zu vertreten, gut informiert und gut ausgebildet, und es kann sehr interessant sein, mit ihnen zu sprechen.

4. Das ist auch falsch. Obwohl Amerikaner in der Tat dazu tendieren, Probleme in einem optimistischen Licht zu sehen, sollte das nicht als oberflächlich fehlinterpretiert werden. Amerikaner können durchaus sehr kritisch und nachdenklich sein, wenn es die Situation erfordert (siehe auch Fall 15 zum amerikanischen Optimismus bei Gesprächen).

Fall 10:
Land: USA
Thema: Autokratische Herrschaft

Reinhard von Sternberg war über ein Jahr in einem amerikanischen Ingenieurbüro tätig. Seine Firma und auch ihr US-Partner arbeiten gerade an einem Joint Venture in China. Bis jetzt hat er seine Arbeit interessant und außerordentlich lohnend gefunden.

Es gibt nur einen Aspekt der amerikanischen Wirtschaft, den er nicht mag – den Widerspruch zwischen den Werten der Gleichheit und autokratischer Herrschaft. Einerseits wird jeder mit Vornamen angeredet, sogar der CEO, und es gibt keine sichtbaren Hierarchien. Andererseits wählen die Direktoren für sich selbst sehr freigebige Aktien-Optionen, die schon mehr als eine bloße Frechheit sind.

Wenn die Mitglieder des Rates darüber auf Aktionärsversammlungen befragt werden, antworten sie einfach, dass Status seine Privilegien habe. Das beinhalte auch, das eigene Salär festzulegen.

Von Sternberg spricht diese Widersprüche gegenüber seinen amerikanischen Kollegen an, aber sie lächeln alle und sagen, dass dies der ›American Way‹ sei. Sie würden es ebenso tun, wenn sie könnten.

Warum ist das so?

1. Trotz allem Anschein von Gleichheit sind Amerikaner gar nicht so egalitär, wie sie zu sein vorgeben.
2. Der CEO und die Mitglieder des Direktorenrates werden in der amerikanischen Kultur üblicherweise bewundert und als Helden angesehen, was Hand in Hand geht mit der Redewendung »The business of America is business« (»Das Hauptinteresse Amerikas ist das Geschäft«). Also gelten die Regeln der Gleichheit in diesem Fall gar nicht.
3. Was ein amerikanischer Topmanager verdient, hat absolut nichts mit seinem kooperativen Stil, wie jovial er also ist, zu tun.

Antworten:

1. Die amerikanische Überzeugung, dass alle Menschen gleich geschaffen worden sind, hat mehr damit zu tun, wie Menschen sozial miteinander umgehen, als mit tatsächlicher Macht und Hierarchie. Vom ›big boss‹ eines Unternehmens in den USA wird erwartet, dass er freundlich ist und mit jedem zwanglos umgeht. Gleichzeitig wird von ihm erwartet, einen gewissen Status und immense Macht zu haben, die er nach seinem Gutdünken gebrauchen kann.
2. Obwohl Amerikaner dazu erzogen worden sind, jedermann gleich zu behandeln, haben sie auch das Bedürfnis nach Vorbildern, die den amerikanischen Traum repräsentieren, es bis zur Spitze der Leiter zu schaffen. Aus diesem Grund wird eine sehr erfolgreiche Geschäftsperson – ein Bill GATES oder Henry FORD – bewundert, sogar wenn sie ein riesiges Vermögen auf Kosten anderer gemacht hat. Historisch gesehen sind die USA ein sehr reiches Land gewesen, wo es genug Platz für alle gegeben hat. Das erklärt, warum es in der amerikanischen Kultur wenig Neid gibt, etwas, das für Deutsche schwierig zu verstehen ist. Aus historischen Gründen können die meisten Deutschen nicht akzeptieren, dass einem einzelnen erlaubt ist, andere zu seinem Vorteil auszubeuten.
3. Diese Antwort hängt mit der zweiten Antwort zusammen.

Fall 11:
Land: Deutschland
Thema: Präsentationsstil

Thomas Schröder arbeitet als Abteilungsleiter bei einem der größten Chemiekonzerne Deutschlands. Als eine Gruppe von amerikanischen Chemieingenieuren nach einer Möglichkeit sucht, ein Joint Venture mit dem deutschen Unternehmen zu schließen, wird Thomas, da er ganz gut Englisch spricht, gebeten, die strategischen Pläne seiner Firma und einen Ausblick vor dieser Gruppe zu präsentieren.

Auf diese wichtige Rede hat Thomas sich intensiv vorbereitet. Er beginnt seinen Vortrag mit einem ausführlichen Überblick über historische Trends in der Chemieindustrie, den Folgen der Globalisierung und warum so viele Fusionen stattgefunden haben. Danach diskutiert er die Wachstumsprognosen des deutschen und europäischen Marktes und die Notwendigkeit für die chemische Industrie, nach Nord- und Südamerika und auch nach Südostasien zu expandieren. An diesem Punkt geht er ins Detail und erklärt, warum er denkt, dass der nordamerikanische Markt in den kommenden Jahren weniger wichtig sein wird, nämlich infolge der Sättigung des Marktes. Schließlich präsentiert er die Bilanz seines Unternehmens, zusammen mit der Unternehmensstrategie und zukünftigen Perspektiven. Alles in allem dauerte sein Vortrag über eine Stunde.

Während er redete, bemerkte Thomas, dass sein Publikum nach zwanzig Minuten unruhig wurde. Gegen Ende lasen einige seiner Zuhörer sogar Broschüren oder sprachen mit ihrem Nachbarn. Thomas ist verwirrt und enttäuscht von seinen amerikanischen Besuchern.

Was ist passiert?

1. Thomas' Prognose, dass der nordamerikanische Markt stagnieren würde, wurde vom amerikanischen Publikum nicht gut aufgenommen.
2. Die Präsentation war einfach zu lang und gab den Amerikanern das Gefühl, ihre Zeit würde verschwendet.
3. Das amerikanische Publikum erwartete eher einen Dialog und einen Austausch von Ideen, keinen Monolog

Antworten:

1. Das ist äußerst unwahrscheinlich. Amerikanische Manager haben keine Angst, die Wahrheit zu hören, besonders wenn es darum geht, wo zukünftige Investitionen gemacht werden sollten. Was bei jeder Wirtschaftsperson zählt, ganz gleich ob Amerikaner, Deutscher oder Japaner, ist eine objektive Präsentation der Fakten, so dass eine rationale, realistische Entscheidung gefällt werden kann.
2. Das ist der wahrscheinlichste Grund. Im Gegensatz zu Deutschen, die detaillierte, historische Hintergrundinformationen mögen und sehr geduldig darin sind zuzuhören, möchten Amerikaner, dass ein Redner rasch zum Punkt kommt. Nichts ist beleidigender und erniedrigender für einen Amerikaner, als in einer langen Rede zu sitzen und nicht zu wissen, wohin der Redner bis zum Ende der Präsentation kommen will. Amerikaner erwarten, dass man ihnen von Anfang an sagt, welches der Grund der Präsentation ist, und wollen die Argumente augen-

blicklich hören. Für ›überflüssige‹ Informationen gibt es keine Notwendigkeit. Amerikaner mögen es auch, wenn in einer Rede Humor gebraucht wird. Im Allgemeinen sind amerikanische Präsentationen viel kürzer als deutsche.

3. Das ist auch eine Möglichkeit, obwohl weniger wahrscheinlich. Amerikaner können eine Rede durchstehen, vorausgesetzt sie ist kurz und lebendig. Sie werden jedoch an einer Präsentation mit umso mehr Freude teilnehmen, wenn sie zum Dialog aufgefordert werden. Amerikaner können in der Regel Informationen recht zwanglos austauschen und werden nicht zögern, über irgendeinen Punkt mit dem Redner zu argumentieren. Das hängt eng damit zusammen, dass auf Grund der Erziehung und des Wertesystems jeder als gleich angesehen wird.

Fall 12:
Land: USA
Thema: Nationalstolz

Wolfgang Fischer ist Sektionsleiter in einer Forschungs- und Entwicklungsabteilung einer der führenden Druckpressenhersteller Deutschlands. Er ist von einem amerikanischen Druckmaschinen-Produzenten eingeladen worden, um einen Blick auf dessen Produkte zu werfen und seine Meinung zur neuen Fertigungslinie abzugeben.

Während der Tour ist Wolfgang sehr angetan von der innovativen und kreativen Kraft der Amerikaner. Anschließend laden ihn seine amerikanischen Gastgeber in ihr Büro ein, um seinen Kommentar darüber zu hören, was er gesehen hat. Da er bemerkt hat, wie zwanglos die Amerikaner in ihrem Verhalten gewesen sind, beschließt Wolfgang, sich ebenso zu benehmen. Er lehnt sich in seinem Stuhl zurück, streckt nach Cowboyart seine Beine aus und beginnt seine Einschätzung auf sehr lockere Art.

Er erzählt seinem Publikum, dass die amerikanische herstellende Industrie fantastische Fortschritte gemacht hätte, erstaunlich, wenn man bedenke, dass zehn Jahre zuvor ihre Produkte als schrecklich eingeschätzt worden wären. Er fährt fort, sie zu beglückwünschen, wie klug sie inzwischen die Computertechnologie in ihre Produkte integriert hätten. Das erlaube es ihnen jetzt, zu ihren deutschen Konkurrenten aufzuschließen.

Trotz aller Komplimente, die Wolfgang gemacht hat, hat er das Gefühl, dass seine amerikanischen Gastgeber nicht allzu beeindruckt sind. Dieses Gefühl wird bestätigt, als sie das Treffen plötzlich abbrechen und Wolfgang sagen, dass sein Taxi draußen warte.

Was ist passiert?
1. Er hat so viele Komplimente gemacht, dass er die Amerikaner in Verlegenheit gebracht hat.
2. Die Kommentare, die Wolfgang abgeben hat, wurden als erniedrigend und unsensibel aufgenommen.
3. Wolfgangs lockere Art wurde von den amerikanischen Gastgebern ganz und gar nicht geschätzt.

Antworten:
1. Das ist falsch. Amerikaner mögen es, Komplimente zu bekommen und ebenso anderen sooft wie möglich zu schmeicheln und ein positives Feedback zu geben. Wenn man als Fremder zu einem Besuch eingeladen ist, um Produkte zu begutachten, ist es doch im Allgemeinen das Geschickteste, dass man die Arbeit und die Leistungen der anderen erst einmal lobt.
2. Das ist vielleicht die richtige Erklärung. Als Ausländer anzukommen und seinem Gastgeber in einer lockeren, beinahe respektlosen Art zu erzählen, dass seine Produkte in der Vergangenheit schlecht gewesen sind, auch wenn man den Fortschritt, der seitdem erzielt worden ist, lobt, kann als Gipfel der Taktlosigkeit angesehen werden. Zusätzlich sollte man bedenken, dass Amerikaner sich stark mit ihrem Land identifizieren und sich verständlicherweise angegriffen und verletzt fühlen, wenn ihre Produkte als mittelmäßig beschrieben werden (selbst wenn das die Wahrheit ist). Hier ist äußerste Sensibilität gefragt.
3. Das könnte auch eine Erklärung für die Missbilligung der Amerikaner sein. Selbst wenn ein Deutscher sich des lockeren ›American Way‹ bewusst ist, wie z. B. Slang zu benutzen oder über Sportereignisse zu reden, sollte er sich wie ein Deutscher benehmen, besonders wenn sein seriöser Rat gefragt ist.

Um dies besser zu verstehen, versetzen Sie sich in die entgegengesetzte Situation, d. h. ein Amerikaner kommt nach Deutschland, um seine Meinung über Ihre Produkte abzugeben. Er spricht gut Deutsch, wenn auch mit einem amerikanischen Akzent. Dennoch respektieren Sie seine Bemühungen, die Sprache gelernt zu haben. Wenn dieselbe Person jedoch versucht, ihren Slang zu imitieren, und »deutscher zu sein als die Deutschen«, wird Ihr Eindruck sein, dass sie Sie auf den Arm nehmen will. Von Ihrem Respekt für diese Person dürfte wenig übrig bleiben ...

Fall 13:
Land: Deutschland
Thema: Wörtlich und übertragen gemeinte Äußerungen

Jörn Meyer ist kürzlich nach New York City versetzt worden, um in dem amerikanischen Telekommunikationsunternehmen, das von seinem deutschen Unternehmen erworben worden ist, eine Abteilung zu leiten. Er findet den kulturellen Wechsel sehr spannend und genießt die neue Perspektive, welche der amerikanische ›Way of life‹ ihm bietet.

Jörn entwickelt einige gute Beziehungen zu Kollegen und kommt besonders gut mit Steven, dem stellvertretenden Abteilungsleiter, aus. Sie gehen häufig gemeinsam zum Mittagessen. An einem Montagmorgen kommt Jörn in seine Abteilung und Steven begrüßt ihn mit einem herzlichen: »Hi Jörn! Na, wie geht's?« Jörn beginnt ihm zu erzählen, dass er schreckliche Kopfschmerzen habe, weil er an diesem Morgen einen Streit mit seiner Frau gehabt hatte und fährt fort, dass er nicht wisse, wie er den Tag durchstehen soll. Er bemerkt an Stevens Körpersprache, dass es absolut das Letzte war, was Steven hören wollte. Der Amerikaner lenkt das Gespräch schnell in eine neutralere Richtung.

Als Jörn sich diese Reaktion noch einmal vor Augen führt, versteht er nicht, warum Steven so unbehaglich zumute war, als er ihm erzählte, wie er selbst sich fühlte.

Es ist möglich, dass Steven ...

1. ... peinlich berührt war davon, dass Jörn seinen Gefühlen freien Lauf ließ.
2. ... denkt, dass Jörn sich in den USA einsam fühlt und deshalb versucht, krampfhaft eine Freundschaft aufzubauen, indem er sich mit seinen Problemen an andere wendet (›Klammereffekt‹).
3. ... nicht damit rechnete, dass Jörn die Frage, wie es denn gehe, wortwörtlich nehmen würde.

Antworten:

1. Dies ist sehr unwahrscheinlich. Deutsche – wie auch Angehörige jeder anderen Nationalität – wissen, dass es nicht üblich ist, jedermann ganz spontan intime Details über ihr Leben ›auf die Nase zu binden‹.
2. Auch das ist ziemlich unwahrscheinlich. Auf lange Sicht gesehen ist dies die aussichtsloseste Art und Weise, eine Freundschaft zu finden.
3. Das ist am wahrscheinlichsten. Die deutsche Kultur verlangt bei der Kommunikation nach Klarheit und den Deutschen wird schon von klein auf beigebracht, Fragen wörtlich zu nehmen und entsprechend zu beantworten. Dies hängt eng zusammen mit ihrem Selbstbild, ehrlich und glaubwürdig zu sein. Was Jörn nicht verstanden hat ist, dass die Floskel »Na, wie geht's?« in Wirklichkeit nicht mehr als ein Gruß ist und Amerikaner normalerweise erwarten, dass darauf automatisch in der übertragenen Bedeutung geantwortet wird. Das ist fest verknüpft mit dem amerikanischen Verlangen, gemocht zu werden und niemandem lästig zu fallen.

   (Anmerkung: Freilich gibt es ebenso im Deutschen den Gruß »Alles klar?« Und auf diese Frage, die im Prinzip keine ist, erwartet im Grunde genommen auch niemand, dass man antwortet: »Nein, im Moment ist gar nichts klar – alles läuft ziemlich schlecht ...«)

Fall 14:
Land: USA
Thema: Das Verlangen nach Lob

Bill Clyde ist ein junger amerikanischer leitender Angestellter, der in der Niederlassung eines großen deutschen Automobilkonzerns in New York arbeitet. Da er hochmotiviert ist und sein Interesse geäußert hat, seine Firma besser kennenzulernen sowie die deutsche Sprache zu erlernen, hat die Führungsspitze entschieden, ihn in ihre Zentrale in Norddeutschland zu schicken, damit er Gelegenheit bekommt, die Firma quasi in- und auswendig kennenzulernen.

Er wird als Abteilungsleiter eingesetzt und ist für den Einkauf von Rohstoffen für die Produktion verantwortlich. Nach vier Monaten knochenharter Arbeit in diesem Job ist es ihm gelungen, die Einkaufskosten um 9 % zu reduzieren – ein sehr beachtliches Ergebnis.

Beim nächsten Treffen mit seinem deutschen Chef fragt er, wie das Spitzenmanagement seine Arbeit beurteile. »Wir haben keinen Grund, uns zu beklagen«, ist die Antwort. Bill ist sprachlos ob dieser Erwiderung. ›Sehen diese Deutschen denn nicht, wie hart ich gearbeitet und welche Einsparungen ich erreicht habe?‹ fragt er sich. Nach dieser Besprechung glaubt Bill, dass das deutsche Management überhaupt kein Gespür für den gegenseitigen Umgang hat.

Welches sind die kulturellen Variablen, die Missverständnisse hervorrufen?

Amerikaner neigen dazu, berufliche Inhalte sowie persönliche Beziehungen hervorzuheben. Unbewusst wollen sie gemocht und sozial akzeptiert werden. Dies hängt eng mit ihrem Bedürfnis nach Aufstiegsmöglichkeiten zusammen, was stark auf die Mittel des Lobs und materieller Anreize angewiesen ist. Alexis de TOCQUEVILLE vermerkte dies 1835 in seinem Buch *Über die Demokratie in Amerika*: »In der Beschäftigung mit Fremden scheinen Amerikaner bei der geringsten Kritik unduldsam zu sein und unersättlich nach Lob«.

Dieses Verlangen nach Aufstiegsmöglichkeiten hat weitreichende Konsequenzen für die amerikanische Psyche gehabt. Amerikaner sind sich im Allgemeinen ihrer inneren Werte nicht so sicher verglichen mit Leuten in ›traditionellen Gesellschaften‹ wie in Deutschland, wo die Betonung nicht auf sozialer Mobilität liegt. Wegen ihrer Zweifel sind Amerikaner nach außen gerichtete Menschen geworden, die sich weniger von ihren eigenen Wertvorstellungen leiten lassen als von den Meinungen anderer. Die Privatsphäre geht in die öffentliche Sphäre über.

Deutsche dagegen wollen – unbewusst – glaubhaft und objektiv sein, wenn sie kommunizieren. Daher neigen sie dazu, mit Kollegen ein relativ sachliches, nur auf die Arbeit bezogenes Verhältnis beizubehalten. Die Privatsphäre und die öffentliche Sphäre werden im Allgemeinen streng voneinander getrennt, was teilweise erklärt, warum deutsche Chefs keine Notwendigkeit sehen, jemanden ausdrücklich zu loben.

Fall 15:
Land: USA
Thema: Amerikanischer Optimismus

Heiko Rommel arbeitet für ein großes Verlagshaus in Stuttgart. Vor einem Jahr brachte sein Unternehmen gemeinsam mit einem in Los Angeles ansässigen amerikanischen Verlag ein Buch heraus, ein Projekt, welches sich als überaus erfolgreich erwies. Es gab jedoch einige Unstimmigkeiten. Nun wurde er nach Südkalifornien geschickt, um ein neues Projekt zu besprechen und sicherzustellen, dass dabei die Probleme nicht erneut auftauchen.

Während seines Aufenthaltes fand Heiko das Wetter wunderbar und sonnig – und seine amerikanischen Kollegen auch. Die Amerikaner benahmen sich buchstäblich wie ›sonny boys‹. Jedesmal, wenn Heiko versuchte, mögliche Konflikte und Probleme zu erörtern, erwiderten seine Partner mit überschwänglichem Ausdruck, er solle sich darüber keine Sorgen machen, es gäbe keine Probleme, nur »Herausforderungen«. Heiko empfand ihre fortwährende rosarote Sichtweise als zu oberflächlich und beklagte sich ihnen gegenüber, dass sie nicht ehrlich zu ihm seien. Die Amerikaner antworteten, dass er zu pessimistisch wäre und aus Maulwurfshügeln ganze Berge machen würde. Während des Mittagessens nahm ein amerikanischer Kollege, mit dem Heiko sich blendend verstand, ihn zur Seite und riet ihm, aufzuhören, sich ständig zu beklagen. Er wies darauf hin, dass derjenige, der gar zu sehr lamentiere, in den USA als ›Verlierer‹ (›loser‹) angesehen werde.

Später, zurück in seinem Hotelzimmer, war Heiko ziemlich durcheinander. Er versuchte, seine Aufgaben gewissenhaft zu erfüllen, aber wenn er ehrliche Kritik übte, wurde er als ›ewiger Nörgler‹ gebrandmarkt. Amerikaner wollten stets die Dinge in ein positives Licht rücken und vermittelten den Eindruck, dass sie nicht mit beiden Füßen auf dem Boden der Realität standen. Heiko folgerte daraus, dass Amerikaner nicht wirklich Verständnis für die Realität hätten und in der Tat oberflächlich seien.

Ist Heikos Einschätzung des amerikanischen Charakters richtig?

Antwort:

Grundsätzlich stehen Sie vor einem Konflikt der Kommunikationsweisen. Kommunikation hängt direkt zusammen mit den Wertvorstellungen und Normen der Kultur, in welcher jemand aufgewachsen ist. Unterschiedliche Werdegänge und Grundlagen schaffen unterschiedliche soziale Welten, d. h. Kommunikationsweisen.

Weil die USA über unermessliche natürliche Ressourcen verfügen und nur wenige wirkliche Tragödien in ihrer Geschichte hatten, wachsen die Amerikaner mit der Grundvorstellung auf, dass die USA ›das Land der unbegrenzten Möglichkeiten‹ sind. Die Tatsache, dass die Mehrheit der Amerikaner in der Lage war, die soziale Leiter aufzusteigen, erlaubte es ihrer Kommunikationsweise, sich dazu zu entwickeln, alles in einem positiven Licht zu sehen und auch zu präsentieren: »Es gibt keine Probleme, sondern nur Herausforderungen«.

Die Deutschen sind im Bewusstsein ihrer begrenzten Ressourcen und einer problematischen Vergangenheit aufgewachsen. Ihnen wird beigebracht, sehr sorgfältig bei dem zu sein, was sie sagen und unternehmen. Wenn irgendetwas nicht in Ordnung zu sein scheint, sind Deutsche diesbezüglich ehrlich und direkt und versuchen, das Problem sofort aus dem Weg zu räumen.

Heiko glaubt, dass der Charakter der Amerikaner die Ursache für das Problem ist. Es gelingt ihm nicht zu erkennen, dass seine Wahrnehmung der Amerikaner als oberflächlich durch einen Kommunikationsprozess in beide Richtungen hervorgerufen wird. Eine Seite dieses Prozesses gründet sich auf eine Vergangenheit mit fast keinen historischen Tragödien und auf immensen natürlichen Reichtum, im Gegensatz zu der anderen, die auf einer tragischen und gewaltsamen Vergangenheit und dem Bewusstsein, nur wenige natürliche Ressourcen zu besitzen, fußt.

Nachwort

Viel hat sich in den Geschäftswelten der USA und Deutschlands in den vergangenen fünf Jahren ereignet. Globalisierung, fortschreitende Evolution der Informationstechnologie, internationaler Terrorismus, eine neue Form von ›insider trading‹ des 21. Jahrhunderts: alle haben zu einer Reihe von Änderungen beigetragen, welche sich fortsetzen und noch tief greifender werden.

Überraschenderweise ist die amerikanische Unternehmenskultur auf lange Sicht gar nicht einmal durch die Terrorangriffe am 11. September 2001 berührt worden, sondern durch spektakuläre Skandale wie die Insolvenzen von Enron und WorldCom. Beispiellose Bilanzfälschungen und Börsen-Desinformationen drängten den amerikanischen Kongress dazu, ein drakonisches Gesetz (Sarbanes-Oxley Act) zu verabschieden, welches Vorstandsvorsitzende und Finanzvorstände verpflichtet, zu beeiden, dass ihre Bilanzberichte ordnungsgemäß erstellt worden sind. Diejenigen, die dabei ertappt werden, Bilanzen manipuliert zu haben, erwartet eine Geldstrafe von bis zu 5 Mio. Dollar bzw. Freiheitsstrafe von bis zu 20 Jahren.

Das stellt die amerikanische Geschäftsphilosophie ›Maximaler Profit‹, was immer das kostet‹ jedoch nicht ernsthaft in Frage. Vielmehr bedeutet das nur eine strengere Kontrolle der Bestimmungen, die mehr als alles andere dazu dienen, das öffentliche Vertrauen zu heben und das System weiterhin funktionstüchtig zu erhalten.

Weniger bemerkt, aber tief gehender, ist die langsame Neugestaltung der deutschen Geschäftswelt nach dem amerikanischen Vorbild. Dies beinhaltet nicht weniger als eine Streitfrage um die nationale Identität im Ganzen – oder, wie ein Tübinger Professor, Hermann BAUSINGER, sein Buch nannte: »Typisch deutsch: wie deutsch sind die Deutschen?«.

Seelenforschung ist ganz offensichtlich etwas, das Deutschland seit dem Ende des Zweiten Weltkrieges vielfach betrieben hat. Traditionelle

Werte, die noch immer tief im Herzen eingebettet sind, werden auf den Prüfstand gestellt und seit beinahe drei Generationen debattiert. Ordnung und Disziplin sind die Leitwörter der deutschen Wirtschaftskultur geblieben, die amerikanische Boom-und-Pleite-Mentalität war ihr bis vor kurzem dagegen fremd. So äußerte ein Vorstandsbereichsdirektor der Deutschen Bank vor zehn Jahren: »Wir erwarten eine Rendite von vielleicht 10 % jährlich, aber wissen, dass diese konstant bleibt. In den Vereinigten Staaten verdoppelt man den Profit in einem Jahr, im nächsten geht man Pleite.«

Leider scheint das nicht mehr zuzutreffen. Die Weltwirtschaft ist immer mehr auf Geschwindigkeit und Flexibilität ausgerichtet, auf kurzfristige Ergebnisse unter dem Damoklesschwert des Aktionärs. Ein Ranking von *BusinessWeek* (Ausgabe vom 28. Juli 2003) zeigt, dass es die deutsche Wirtschaftselite nicht einmal in die europäische Top 20 schaffte. Die klaren Gewinner waren die Briten: Sie konnten sechs Unternehmen in die Top 10 bringen. Der Grund hierfür liegt auf der Hand: Die britischen Unternehmen konnten vom vergleichsweise liberalen Arbeitsrecht und von niedrigen Sozialabgaben profitieren. Ob gut oder nicht, Deutschland hat keine andere Wahl, als der rücksichtslosen Geschäftspolitik zu folgen. Die Deutschen befinden sich bereits in diesem Prozess und das hat für den Einzelnen schwerwiegende Folgen. Das Land erlebte 1945 eine gewaltige Wende, eine andere 1989. Der dritte Kulturschock, nämlich der der Globalisierung bzw. des transnationalen Kapitalismus, ist mit Sicherheit der Schwierigste, insbesondere, da das Leitmotiv ›Gewinnmaximierung‹ sowohl den traditionellen als auch modernen deutschen Werten widerstrebt.

Um besser zu verstehen, wie diese Werte in Frage gestellt werden, ist ein kurzer historischer Überblick nötig. Die moderne deutsche Einstellung besteht aus einem jahrhundertealten autoritären System, gemischt mit den demokratischen Werten und dem Versprechen von ›Freiheit‹, das von den Amerikanern nach dem Krieg eingeführt wurde. Manche nennen die Amerikanisierung ›Verinnerlichung‹, ein Prozess, der sofort einsetzte, nachdem Deutschland vor den Alliierten 1945 kapitulierte.

Im Gegensatz zu den Briten, Franzosen und den Russen waren die Amerikaner pragmatisch. Sie waren besser in der Lage, die Zerstörung durch das Nazi-Regime zu überblicken und – ökonomisch gesehen – waren die USA auch das einzige Land, das fähig war, Deutschland mit dem Geld zu versorgen, das für den Wiederaufbau nötig war. Der Marshall-Plan war natürlich nicht ohne Bedingungen, die wichtigste war die Schaffung wahrhaft demokratischer Institutionen.

Obwohl die deutsche Elite die amerikanischen kulturellen Werte vulgär und ›schlampig‹ fand, hatte sie absolut keine moralische Autorität, eine Alternative zu bieten, weil sie sich – als Mitläufer der Nazis – als unfähig erwiesen hatte. Es wundert deswegen nicht, dass die Nachkriegsgeneration mit Joschka Fischer, dem überaus populären Außenminister, konform geht. Er nahm die Vereinigten Staaten als einen ›Ersatzvater‹ wahr, der eine Gesellschaft bietet, in der alle Bürger gleich sind und in der individuelle Freiheit möglich ist.

Amerikanische Lässigkeit (im Hinblick auf Kleidung und Sprache) und antiautoritäre Haltungen wurden zum Alptraum der deutschen Elite. Wie sagte Joschka Fischer doch so schön: »Die Deutschen heutzutage sind Kinder sowohl der Nazis als auch der Amerikaner. Hitlers furchtbare Verbrechen werden für Generationen Auswirkungen auf die Deutschen haben. Aber die Amerikaner lehrten die Deutschen demokratische Kultur, worauf ein Erbe aufgebaut werden kann.«

Es ist genau diese Mischung der deutschen und amerikanischen Werte, welche die deutsche Kultur geöffnet und sie daher in der modernen Welt verletzlicher gemacht hat. Deutschland war gezwungen, viele seiner traditionellen Überzeugungen im wahrsten Sinne des Wortes über Nacht aufzugeben. Aber die allmähliche philosophische Ersetzung – soziale Marktwirtschaft –, nur einmal nahezu erreicht zum Zeitpunkt der Wiedervereinigung, ist plötzlich wieder in Frage gestellt. Es ist an der

Zeit für einen weiteren Wandel, eine neue Reihe von Werten aufzugreifen.

Noch immer tief verwurzelt ist der Gedanke, dass man die Bestimmungen respektieren und ihnen gehorchen muss. Es herrscht ein Bedürfnis nach Ordnung (»Ordnung muss sein«) und es gibt in der Tat einen Leitsatz für soziale Harmonie. Jetzt sind die Deutschen zwischen ihrem Bedürfnis nach ›Ordnung‹ und pragmatischen Lösungen gegenüber der chaotischen, beschleunigten Spirale des Weltgeschehens im Jahre 2003 gespalten.

Ein triviales, aber bemerkenswertes Beispiel ist die Stadt Düsseldorf, in der Urbanisierung und wirtschaftlicher Erfolg eine Flut von Autos hervorgebracht haben, die jeden Tag um die wenigen Parkplätze kämpft. Frustrierte deutsche Autofahrer, die erleben, wie die Situation allmählich über die Jahre hinweg unerträglich geworden ist, fingen schließlich an, gesetzwidrig auf den Fußwegen zu parken. Die Deutschen sind mittlerweile genauso schlimm wie die Pariser – gewiss kein gutes Anzeichen (und die Deutschen, die so viel Spannung in sich haben und sich nicht abreagieren können, übertreffen die Franzosen tatsächlich, sie parken manchmal sogar in zweiter Reihe, selbst wenn es die Straßenbahnschienen blockiert).

Das Prinzip des ›sozialen Paktes‹ (*consensus principle*) hat in Deutschland eine lange Tradition. Aber es wurde während der vergangenen fünf Jahre schwächer. Erstmals eingeführt durch Otto von BISMARCK im Jahre 1871, basiert es auf einer Verbindung von Arbeit, Wirtschaft und Führung. Diesem Grundsatz lag der Gedanke zugrunde, dass das Management fairerweise Profite mit seinen Arbeitern teilen und sich selbst nicht exzessive Vergütungen gewähren sollte.

Aber die Globalisierung und die hohe Präsenz der amerikanischen Management-Methoden verführten viele deutsche Vorstandschefs dazu, nach allem zu gieren, was nur erhältlich ist (»Nach mir die Sintflut«). Im Juli 2002 zeigte das *Manager Magazin*, wie die Gehälter der Chefs der größten Unternehmen ohne eine parallele Steigerung des Unternehmenswertes explodiert sind. Das unverschämteste Beispiel ist das des ehemaligen Chefs der Deutschen Telekom AG, Ron SOMMER, und seines Vorstandes, die sich selbst eine 90%ige Erhöhung ihrer Bezüge genehmigt haben, obwohl die T-Aktie so tief gefallen war, dass die Telekom 400 Milliarden Euro verloren hatte.

Andere Unternehmen wie DaimlerChrysler oder Allianz zahlen ihren Spitzenmanagern beträchtlich mehr als vor fünf oder zehn Jahren, obwohl Mitarbeiter entlassen wurden und andere mit ansehen mussten, wie ihre Gehälter sich verringerten. Es ist ziemlich offensichtlich, dass das Konsensprinzip bald aus der Mode kommt.

Gemäß den neuesten Umfragen sind junge Deutsche konformistischer als ihre Eltern. Paradoxerweise hält dieselbe 20-und-irgendwas-Generation Individualismus hoch und ist optimistischer. Zudem sprechen die meisten jungen Deutschen ziemlich gut Englisch. Wie ihre amerikanischen Altersgenossen möchten sie Spaß haben, gehen zu Burger King, sehen MTV und so weiter.

Das jetzige Verhalten der jungen Deutschen zeigt, dass die Trennlinie zwischen der amerikanischen und der deutschen Kultur nicht mehr nur überlappt, sondern allmählich verschwindet. Und das ist nirgendwo offensichtlicher als im Fernsehen (Wo sonst?), welches in erhöhtem Maße amerikanisches Fernsehen widerspiegelt. Showmaster wie Harald SCHMIDT und Stefan RAAB führen verrückte Interviews, Gäste spielen alberne Rollen und jedermann tut liebend gern etwas sehr Undeutsches: Sie machen sich über sich selbst lustig, was vor fünfzehn Jahren nie passiert wäre. Der *Spiegel* bemerkte hierzu: »[...] der Kopernikanische Wendepunkt für den deutschen Humor ist überschritten.«

Noch immer mag die größte soziale Erschütterung die sein, dass die Deutschen gezwungen sind, sich einzugestehen, dass ihr Schulsystem nicht mehr das Beste ist. Vor vierzig Jahren waren sich internationale Fachleute darüber einig, dass Deutschland an der Spitze sowohl der

Grundschul- als auch der Oberschulerziehung stand. Seitdem haben Länder wie Finnland, Kanada und Korea Deutschland überholt, wie die PISA-Studie im Jahre 2001 zeigte. Deutsche Schüler allgemein lagen leicht unter dem internationalen Durchschnitt.

Nachdem der Schock überwunden ist, fanden deutsche Pädagogen heraus, dass ihr Land weniger pro Kopf als der Durchschnitt der OECD-Länder ausgab, insbesondere an der Grundschule. Gleichzeitig zog eine massive ›Invasion‹ von Einwandererkindern (die – in vielen Fällen – der Sprache nicht richtig Herr wurden) den nationalen Schnitt nach unten. Deutschland wird seine Prioritäten ändern und mehr in Kindergärten und Grundschulen investieren müssen, um sicherzustellen, dass *alle* Kinder vernünftig lesen und schreiben können. Schweden beispielsweise nimmt hierbei eine Vorbildfunktion ein.

Die grundlegende Absicht dieses Buches ist es, unsere – der Leser – Einstellungen und ihre Auswirkungen auf interkulturelle Kommunikation zu untersuchen. Da diese Einstellungen nicht stabil sind und die Welt sich ständig hin und her bewegt, muss man immerzu jegliche Aussagen in Frage stellen. In der Realität befinden sich sowohl die Vereinigten Staaten als auch Deutschland in einem Prozess, sich selbst neu zu erfinden. Jedoch ist es nur in diesem Zusammenhang möglich, dass der Leser in einer wesentlich tieferen und manchmal widersprüchlichen Art begreifen kann, wie amerikanische und deutsche Wirtschaftskulturen *wirklich* funktionieren.

Bibliografie

ADLER, Nancy J.: International Dimensions of Organizational Behavior, 2. Aufl., Boston 1991

ARDAGH, John: Germany and the Germans, Hammondsworth, England, 1995

AXTELL, Roger E.: Do's and Taboos of Using English Around the World, New York 1995

BAILEY, George: Germans: The Biography of an Obsession, New York 1991

BAUSINGER, Hermann: Typisch deutsch: wie deutsch sind die Deutschen? München, 2000

BENNETT, Milton J.: »Towards Ethnorelativism: A Developmental Model of Intercultural Sensitivity«, Cross-Cultural Orientations, Lanham, Maryland 1986

CHANDLER, Alfred D.: Scale and Scope – The Dynamics of Industrial Capitalism, Cambridge, Massachusetts, 1994

CRAIG, Gordon A.: Über die Deutschen, München 1991

ENGEL, Dean W.: Passport USA: Your Pocket Guide to American Business, Culture & Etiquette. San Rafael, California 1997

FERRARO, Gary P.: The Cultural Dimension of International Business, 3. Aufl., Upper Saddle River, New Jersey, 1998

FLAMINI, Roland: Passport Germany: Your Pocket Guide to German Business, Customs & Etiquette, San Rafael, California, 1997

FRANCESCO, Anne M. / GOLD, Barry A.: International Organizational Behavior: Text, Readings, Cases, and Skills, Upper Saddle River, New Jersey 1998

GUINTHER, John: The Jury in America, New York 1988

GUY, Vincent / MATTOCK, John: The New International Manager: An Action Guide For Cross-cultural Business, London 1993

HALL, Edward T. / REED HALL, Mildred: Understanding Cultural Differences, Yarmouth, Maine, 1990

HIRSCH, Eric D.: Cultural Literacy: What Every American Needs to Know, New York 1988

HOFSTEDE, Geert: »Cultural Constraints in Management Theories«, Academy of Management Executive, 7(1), 81–94, 1993

KEMPE, Frederick: Father/Land, New York, 1999

KENNEDY, Paul: Aufstieg und Fall der großen Mächte. Ökonomischer Wandel und militärischer Konflikt von 1500 bis 2000, Frankfurt 1989

KOHLS, L. Robert / KNIGHT, John M.: Developing Intercultural Awareness, 2. Aufl., Yarmouth, Maine, 1994

KOHLS, L. Robert: Survival Kit for Overseas Living: for Americans Planning to Live and Work Abroad, 3. Aufl., Yarmouth, Maine, 1996

LARSON, Robert: Über den Umgang mit Deutschen, 2. Aufl., Esslingen 1985
LEWIN, Kurt: Some Social-Psychological Differences between the United States and Germany, in: Character and Personality 4, 1936
LORD, Richard: Culture Shock! Germany, Portland, Oregon, 1996
MOLE, John: Mind Your Manners: Managing Business Cultures in Europe, London/Sonoma, California, 1995
NEES, Greg: Germany: Unraveling an Enigma. Yarmouth, Maine, 2000
OTTE, Max: Amerika für Geschäftsleute: Das Einmaleins der ungeschriebenen Regeln, Berlin 1998
PLATT, Polly: French or Foe? Getting the Most out of Living and Working in France, London 1994 (2., bearb. und erw. Aufl., Skokie, Illinois, 1998)
RIESMAN, David / DENNEY, Reuel / GLAZER, Nathan: The Lonely Crowd; A Study of the Changing American Character, New Haven 1950
ROLAND, Alan: In Search of Self in India and Japan: Toward A Cross-cultural Psychology, Princeton, New Jersey, 1988
ROSEN, Ephraim / FOX, Ronald E. / GREGORY, Ian: Abnormal Psychology, 2. Aufl., Philadelphia 1972
SCHROLL-MACHL, Sylvia: Die Zusammenarbeit in internationalen Teams. Eine interkulturelle Herausforderung, dargestellt am Beispiel USA–Deutschland, in: Internationales Change Management, Stuttgart 1995
SCHROLL-MACHL, Sylvia: Die Deutschen – Wir Deutsche, Göttingen 2002
STAHL, Günter / LANGELOH, Claudia / KÜHLMANN, Torsten: Geschäftlich in den USA: Ein interkulturelles Trainingshandbuch, Wien/Frankfurt am Main 1999
TAYLOR, Frederick Winslow: The Principles of Scientific Management, New York 1911, Reprint Norcross, Georgia, 1998
TOCQUEVILLE, Alexis de: Über die Demokratie in Amerika, Stuttgart 1994
VLASIC, Bill / STERTZ, Brad A.: Taken for a Ride. How Daimler-Benz drove off with Chrysler, New York 2000
VOGEL, D.: »The Globalization of Business Ethics: Why America Remains Distinctive«, California Management Review, Bd. 35, Nr. 1, 1992
WANNING, Esther: Culture Shock! USA, Singapore 1991
ZÄNKER, Alfred: »Die Amerikaner arbeiten mehr und effektiver«, in: *Die Welt online* vom 7. September 1999

Über den Autor

Patrick LeMont SCHMIDT, Jahrgang 1949, ist Amerikaner und tätig als Cross-Cultural Consultant in Nordamerika und Deutschland. SCHMIDT studierte in Strasbourg (Dipl. Littérature Française) und Los Angeles (Dipl. Psychologie). Zwanzig Jahre lang lebte er in Stuttgart, wo er Englischlehrer und später interkultureller Trainer war, sowie Mitbegründer und Chefredakteur der englischsprachigen Firmenzeitschrift *New Report* der Mercedes-Benz AG. Darüber hinaus war er Gründer und Chefredakteur der in Kuala Lumpur erscheinenden Handelszeitschrift *MGCC Quarterly* (Malaysian-German Chamber of Commerce) und Berater für Mercedes-Benz in Südostasien und Kanada. Er lebt zurzeit in Düsseldorf.

Internetadresse: **www.agcc.de**

Stichwortverzeichnis